La mejor medalla: su educación

FRANCISCO CASTAÑO

La mejor medalla: su educación

Cómo educar a tu hijo
con el deporte

Grijalbo

Primera edición: febrero de 2018

© 2018, Francisco Castaño Mena
© 2018, Penguin Random House Grupo Editorial, S. A. U.
Travessera de Gràcia, 47-49. 08021 Barcelona

Printed in Spain – Impreso en España

ISBN: 978-84-253-5581-3
Depósito legal: B-26.439-2017

Compuesto en Pleca Digital, S. L. U.

Impreso en Romanyà Valls, S. A.
Capellades (Barcelona)

GR 5 5 8 1 3

Penguin
Random House
Grupo Editorial

A mis hijos, Gaby e Isma,
por ser mi fuente de inspiración y fuerza

Índice

Prólogo

De manera general todos entendemos el deporte como una valiosa herramienta educativa y de crecimiento que facilita una formación integral para los más pequeños y también una filosofía de vida para los más mayores. A través de él fomentan valores y habilidades y al mismo tiempo se divierten, por lo que todos los padres desean que sus hijos practiquen deporte.

No debemos olvidar que con la simple participación en un deporte no se genera de manera automática un listado de valores deseables para la buena práctica deportiva. Aquí es donde entramos en juego todos, y para ello se necesita un sistema que trabaje en la misma dirección y en el que profesionales, entrenadores, deportistas y familias faciliten su desarrollo para que los más pequeños puedan aprovechar este marco ideal de aprendizaje.

Recuerdo perfectamente que cuando Francisco me comunicó que quería que le prologara su libro sentí una tremenda alegría y responsabilidad al conocer la confianza que depositaba en mí para algo que era tan importante

para él, su ilusión, una ilusión que le corre por las venas
desde hace tiempo y que he podido conocer desde su ges-
tación, por lo que todavía lo hace más especial.

Por mi profesión y su vinculación al deporte, además
de por su trabajo de asesoramiento a familias y por el hecho de ser los dos aragoneses, hemos compartido muchas
experiencias y pasado largos ratos hablando sobre educación y deporte.

Sin decirme mucho más, sabía que el tema del libro, educación y deporte, le iba como anillo al dedo. Francisco cumple a la perfección los valores que aquí se plasman, no solo
habla desde el conocimiento de un profesional que trabaja
con centenares de familias cada año, que es importante, sino
también desde la voz de un padre que tiene hijos deportistas, lo que hace que sea un libro muy cercano y muy real.

Este va a ser muy útil, tanto para padres, como para
educadores, entrenadores, presidentes de clubes, representantes, psicólogos, profesionales del ámbito e incluso para
los propios deportistas que son los verdaderos protagonis-
tas de todo esto.

No va a dejar a nadie indiferente; hace un recorrido por
la importancia que tienen las escuelas deportivas, el papel
de los profesionales que las integran y que acompañan al
deportista en su crecimiento, el papel de los padres como
educadores, los valores que impulsa el practicar deporte y,
además, a lo largo del libro encontramos un sinfín de ejemplos y experiencias en primera persona que lo enriquecen
todavía más.

Un tema que vivo de cerca por mi trabajo y del que trata el autor es la elección del deporte cuando se inician. ¿Quién lo decide? Aquí el asesoramiento de los padres a la hora de orientar a sus hijos en la disciplina deportiva que quieren practicar es muy importante, pero siempre y cuando no olvidemos que solo ellos son los que tomarán la decisión final. Que destaquen en un deporte no les obliga a practicarlo. Por mi despacho pasan familias angustiadas porque sus hijos no disfrutan practicando un deporte cuando de pequeños sí que lo hacían. Muchas veces la respuesta es esta: cuando crecen las exigencias y las obligaciones aumentan, las prioridades cambian y si realmente no les gusta es complicado que disfruten y adquieran un compromiso.

Los valores están muy presentes desde el inicio del libro hasta el final, pero quiero destacar algo en lo que coinciden todos los compañeros que son entrevistados: la perseverancia. Un valor que es fundamental en el crecimiento de los más pequeños y que es imprescindible en la vida y también en el deporte. Aprender que no todo es inmediato y que hay que trabajar y esforzarse les hará saborearlo de otra manera, con sus logros, con su evolución.

Este libro no solo aporta herramientas, sino respuestas a muchas preguntas que en alguna ocasión se han quedado sin responder. Ayuda a reflexionar sobre cómo nos comunicamos con los más pequeños, y qué influencia tienen las actuaciones de los adultos sobre ellos a la hora de adquirir hábitos.

En definitiva, descubrimos el deporte como herramienta de aprendizaje, como impulsor de valores, como contexto educativo ideal, como trampolín de emociones y experiencias, como filosofía de vida, como eje de crecimiento, como oportunidad y como un todo.

Deseo que el lector experimente el mismo entusiasmo que yo al leerlo; desde el momento en que me mandó el borrador no paré de leer hasta que llegué a la última página. Enseña pero no adoctrina, esa es la esencia de Francisco en todos sus trabajos, clases y conferencias, la naturalidad y sencillez con la que transmite; hace al oyente y al lector, en este caso, viajar por cada rincón sin desconectar. Hacía falta un libro como este, tan completo, que saliera de lo cotidiano y que fuera más allá de lo evidente.

Por último, y muy valioso, después de leerlo nadie se planteará castigar a un niño privándole de hacer deporte.

Comienza el viaje, espero lo disfruten.

LORENA COS
Psicóloga deportiva

Introducción

Preguntemos a padres y madres qué es lo que más desean para sus hijos. Seguramente todos respondan con estas dos palabras: salud y felicidad. Pero ¿qué podemos hacer nosotros, aquí y ahora, para que alcancen esas metas?

Llevo años dedicándome a la docencia y a la asesoría familiar. Con el tiempo entiendes que cada familia debe encontrar sus propias respuestas; cada hogar es un mundo construido a partir de sus propios valores y hábitos, y son los padres, y nadie más, quienes deben establecer sus bases. Ahora bien, a pesar de que cada uno de nosotros podría ser un buen educador, es un hecho que no solemos aprovechar al cien por cien nuestros recursos: el estrés, la presión o la rutina dificultan la tarea. Para que nuestros hijos sean, ahora y siempre, personas responsables, felices y sanas, tendremos que guiarlos en esa dirección y, más aún, nosotros deberemos ejercitarnos para educar mejor. En este libro explicaré con sencillez cómo mejorar la educación de los pequeños a partir de una herramienta imprescindible: **el deporte**.

Todo gran deportista fue, en su momento, un niño o una niña. ¿Qué es lo que tienen en común todos los deportistas, algo que es más importante en su vida que los éxitos profesionales, la fortuna o la fama? La respuesta es fácil: su **educación**, es decir, el proceso por el que padres y madres, escuela, clubes, entrenadores e instituciones les ayudan o han ayudado en su momento a forjarse una identidad. Del deporte se derivan infinidad de valores que, afortunadamente, pueden convertir a nuestros pequeños en personas felices y responsables. En los capítulos siguientes aprenderemos cuáles son esos valores y cómo aplicarlos a partir de dos fuentes: las experiencias de los deportistas, tanto relativas a la competición como propias de la vida cotidiana, y experiencias de los padres que están en pleno proceso de educar a sus hijos.

Sabemos desde hace tiempo que el ejercicio físico es una magnífica oportunidad para llevar un estilo de vida saludable, conocer gente, vencer la timidez y mantenernos alejados de conductas de riesgo. Los buenos hábitos que implica el deporte evitan que caigamos en malas rutinas. Pero cuando hablamos del deporte de niños y niñas, algunos padres solo piensan en que su hijo o hija compita, gane y que sea el mejor, con la idea de convertirlos en el nuevo Lionel Messi o Cristiano Ronaldo. Con ello no solo sometemos a nuestros pequeños a presión y estrés, que nunca han sido buenos consejeros, sino que además propiciamos la aparición de escenas violentas en los campos de juego, como vemos a diario en los medios. En las páginas siguientes descubriremos, entre otras cosas, la diferencia entre el compromiso y la presión, para mantenernos siempre dentro de una visión positiva del deporte que equivalga a alegría, salud y felicidad para los pequeños. Como dice Carme Barceló, en los campos de fútbol amateur vemos mucha violencia, pero los problemas de base se acarrean desde casa, y es ahí donde hay que trabajarlos.

De todos modos, por más que nos centremos en el deporte, el núcleo fundamental de este libro trabaja la educación, y aprovecharemos el fútbol o el ciclismo para explicar vivencias, técnicas y consejos que nos ayuden a educar a nuestros hijos en la felicidad y la autonomía. Para escribirlo he entrevistado a algunas de las personas cuyo ejemplo y actitud ante la vida me han servido de mayor inspiración. Ellos y ellas son: Carme Barceló, Rubén Bonastre, Ismael Castaño, Lorena Cos, Mavi García, Pedro García Aguado, Aroa González, Markel Irizar, Ernesto Mañanes y Jesús Ruiz, Javier Moracho, Luis Pasamontes, José Miguel Pérez «Josemi», Joaquim Rodríguez «Purito» y Jesús Vallejo.

La educación es, sobre todo, un camino en el que escuchamos a los demás y aprendemos de ellos. Es decir, los hijos aprenden de nosotros, de los profesores y de los compañeros. Por ello, el solo hecho de ser padre también debe constituir una oportunidad de enriquecernos de la experiencia ajena. Entre tus manos tienes un pedazo de las vidas y de la sabiduría de los profesionales, además de los amigos, mencionados más arriba. Y aunque gran parte de la educación se enseña mediante manuales educativos, en este caso hemos preferido servirnos de un tono franco y sencillo con el que podamos entendernos fácilmente, que propicie la empatía y que ayude a que te sientas identificado con algunas de las cosas que contamos. Muchos padres que se me han acercado pidiendo consejo se han sorprendido al descubrir que educar bien está al alcance de todos; solo hay que saber cómo hacerlo. Y en los capítulos siguientes veremos de qué manera deporte y educación cotidiana van de la mano.

PRIMERA PARTE

Deporte y educación

1

Deporte: lo que hay que saber

La máxima victoria es la que se gana sobre uno
mismo.

Buda

LA FORMACIÓN DEPORTIVA EN LAS ESCUELAS

Empecemos con los datos: El 99 por ciento de los chicos y
chicas escolarizados del país dedican un par de horas a la
semana a la asignatura de Educación Física. Por su parte,
el 66 por ciento de los niños y el 70 por ciento de las niñas
están apuntados al menos a una actividad extraescolar relacionada con el deporte. Los datos parecen alentadores,
¿verdad? Sin embargo, la Ley Orgánica de Educación
(LOE, 2006) permite que los minutos dedicados a la Educación Física que reciben los alumnos a la semana sean
variables, de manera que está permitido «reducir» las horas designadas a la actividad física. Tampoco podemos
obviar que los porcentajes de obesidad infantil han alcan-
zado récords históricos en las últimas décadas. La situa-

ción es preocupante y como padres nos corresponde velar por el bienestar y la salud de nuestros chavales.

Pero ¿qué es en realidad «actividad física y deporte»? Con esta etiqueta la Sociedad Española de Medicina en el Deporte (SEMED/FEMED) define todas las actividades relacionadas con la identificación corporal; el desarrollo de las capacidades perceptivas y las habilidades motrices; la expresión corporal; el trabajo de las capacidades condicionales; el juego y la iniciación deportiva; la higiene; la salud corporal; la resistencia; la velocidad, más aquellos valores que surgen del trabajo en equipo.

En otras palabras: el deporte es un ejercicio físico, individual o en equipo, que se realiza con el objetivo de llevar una vida sana, aprender valores y disfrutar del propio cuerpo. Se trata de una actividad, pues, en la que participan al menos estas tres dimensiones:

- parte física
- parte educativa
- diversión

Cada una de ellas es imprescindible para que la actividad deportiva surta efecto. Si falla alguna, diríamos que no se está aprovechando todo su potencial. Además, es probable que si se trabaja mal el deporte en la infancia, los jóvenes y adolescentes acaben abandonándolo, ya sea por exceso de presión, falta de hábito o pocas ganas de esforzarse. Si los niños dejan de hacer deporte antes de los dieciocho años, podemos decir que nuestro objetivo educativo ha

fracasado. Dicho fracaso puede ser resultado de exigir bastante y demasiado pronto, o puede deberse a que se da
importancia exclusiva a la competición y al hecho de ganar, o cuando se olvida que los niños deben disfrutar y
pasárselo bien.

Podríamos distribuir las facetas importantes del deporte en un esquema como este:

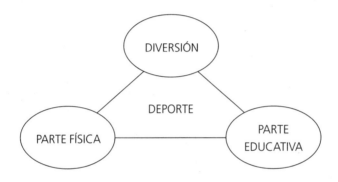

¿POR QUÉ ES TAN IMPORTANTE?

Nuestro cuerpo necesita el deporte para mantenerse
sano. Durante siglos, la supervivencia de la especie huma-
na dependió de la caza o de la recolección de alimentos, y
esas ocupaciones eran muy exigentes físicamente. Todo
cambió con la aparición de la tecnología moderna, que
permite que vivamos el día a día sin mover un dedo. Que
dediquemos horas a hacer ejercicio físico (en el recreo, en
los gimnasios, etc.) es resultado de ese cambio social: el
deporte es, sobre todo, una actividad que llevamos a cabo

para protegernos de las consecuencias negativas del sedentarismo. De hecho, en la actualidad el ser humano quizá sea menos activo físicamente que en cualquier momento de su historia. Y si nos preocupa tanto este asunto es porque quien sale perdiendo somos nosotros y nuestra salud.

La Sociedad Española de Medicina del Deporte apunta que hacer ejercicio físico aporta los siguientes beneficios:

- la reducción de los factores de riesgo o el control de determinadas enfermedades físicas (asma, obesidad, cardiopatías, diabetes...);
- la reducción de los factores de riesgo o el control de determinadas enfermedades psíquicas (depresión, ansiedad, estrés...);
- la adquisición de hábitos saludables (higiénicos, alimentarios...);
- la integración y la cohesión social (fomenta un modelo inclusivo de convivencia en la diversidad, de respeto a la diferencia);
- la formación en valores como la solidaridad, la tolerancia, la disciplina, la confianza en uno mismo, la superación personal...

En cambio, el sedentarismo está reconocido como uno de los principales factores de riesgo de las enfermedades crónicas, y si se da en los primeros años de vida, contribuye a incrementar los niveles de obesidad en niños, niñas y adolescentes. El porcentaje de niños y niñas con problemas de peso se ha mantenido en el 45,2 por ciento en edades comprendidas entre los seis y los nueve años.*

Las ventajas de practicar deporte son infinitas. En cambio, pasarse el día sentado ante un ordenador o frente al televisor no aporta prácticamente ningún beneficio. Según algunos estudios, un 12 por ciento de las chicas en edad escolar no practican deporte fuera del colegio, frente a un 5 por ciento de los chicos. Algunos de los motivos que suelen esgrimirse para justificarlo son que no les gusta, que no se les da bien, que no tienen tiempo, o porque les resulta cansado y fatigoso. Los padres deberíamos entender que el ejercicio físico es tan imprescindible como aprender matemáticas y lengua, y que no hay motivos o excusas que justifiquen una vida sin deporte, por una razón muy simple: estos hábitos (que suponen la falta de costumbre de hacer ejercicio físico) disminuyen la esperanza y la calidad de vida de las personas. En definitiva, favorecen el deterioro del cuerpo y de la mente.

Algunas investigaciones sugieren que la inactividad prolongada, lo que llamamos sedentarismo, es la causante de una de cada diez muertes en todo el mundo. Si permanecemos sentados más de tres horas, o si dormimos y

* Para leer más sobre hábitos deportivos de la población escolar en España recomiendo este enlace: <http://www.csd.gob.es/csd/estaticos/dep-escolar/encuesta-de-habitos-deportivos-poblacion-escolar-en-espana.pdf>.

miramos la televisión durante largos períodos de tiempo, nos estamos exponiendo a muchas enfermedades crónicas, especialmente de tipo cardiovascular, como la diabetes tipo 2, la obesidad o el aumento del colesterol en sangre. Por otro lado, el sistema muscular y nuestro esqueleto también se debilitan, de modo que las posibilidades de padecer osteoporosis, sufrir caídas o fracturas se incrementan notablemente.

Es importante que los niños hagan deporte desde que son pequeños, porque muchos de esos problemas pueden evitarse si acostumbramos a los niños a que practiquen algún deporte desde la infancia. Varias investigaciones han demostrado que los hábitos deportivos adquiridos en la infancia ayudan a mantener un buen ritmo de vida en la etapa adulta. Los pequeños deportistas de hoy serán la gente saludable del mañana. Mejor aún, el ejercicio físico repercute en nuestro cuerpo y bienestar y nos ayuda a ser más felices. ¿Cómo lo logra?

Beneficios de llevar una vida activa

Cuando hacemos deporte se activa el sistema nervioso simpático. Eso significa que el cuerpo empieza a crear energía. Algunos de sus efectos son:

- dilatación de las pupilas;
- aumento de los latidos del corazón;

- dilatación de los bronquios;
- se estimula la liberación de glucosa por el hígado;
- se estimulan las glándulas suprarrenales;
- disminución de las contracciones estomacales e intestinales.

El cuerpo activo crea energía; cuanto más activos estemos, más ganas tendremos de hacer cosas. En cambio, si uno se queda quieto, la idea de empezar a moverse, trabajar y esforzarse resultará poco atractiva, sobre todo porque nos exigirá más esfuerzo. Reconocerán una escena que se repite en muchos hogares: la del niño o adolescente que se levanta tarde, con cara de cansado, a pesar de haber dormido un montón de horas, y que después de desayunar algo rápido vuelve a tumbarse, esta vez frente al televisor, para seguir en posición horizontal. Este muchacho no tiene ganas de hacer nada porque su cuerpo no está creando energía para hacer nada. Un cuerpo inactivo genera menos energía que un cuerpo activo, por lo tanto aspectos como la pereza, el cansancio o la desgana son fruto de un estilo de vida sedentario y poco saludable.

Algunos padres acuden a mi asesoría familiar para quejarse de que sus hijos e hijas son irresponsables y perezosos. Lo primero que les recuerdo es que no debemos etiquetar a nuestros hijos: ellos no son tal cosa o tal otra, sino que **se comportan así**, y su conducta es el resultado de la educación que han recibido. Un mal hábito suele ir unido a la falta de actividad física: cualquier movimiento resulta agotador si te pasas las mañanas y las tardes tumbado en la cama. Incluso las responsabilidades más pequeñas (tirar la basura, sacar al perro a pasear) implican cierto grado de movilidad, y es fácil que tus tareas se vuelvan una montaña si no haces nada en todo el día.

Una educación saludable acostumbra a nuestros hijos a querer y poder moverse con regularidad. Incluso a buscar momentos y espacios para hacer ejercicio. Si los niños disfrutan practicando deporte desde pequeños, y de mayores siguen pedaleando, o corriendo o nadando, les estamos ahorrando muchos problemas futuros. Por lo menos no se resistirán a cumplir con las actividades mínimas del día, porque ya tendrán las pilas cargadas.

El ejercicio físico, o la falta de deporte, repercuten de forma directa en la calidad de nuestras emociones y nuestras relaciones. De hecho lo natural en el ser humano es moverse e interactuar con el mundo y con otras personas. La práctica habitual de actividad física es una buena manera de cargar las pilas y estar preparado para enfrentar los desafíos del día a día.

Hagamos un recuento: ya sabemos que el deporte es saludable, que muchos niños lo practican, pero que quizá no lo hacen lo suficiente. Por eso es importante que los padres sepamos por qué llevamos a nuestros hijos a hacer deporte, pero también por qué hacen deporte nuestros hijos.

Ventajas del deporte: otra perspectiva

La Unicef presentó una guía de los *Derechos de la infancia en el deporte** que diferencia los beneficios del ejercicio físico teniendo en cuenta los aspectos personales que se trabajan y las amenazas que se combaten. Así, los valores y las ventajas desde un punto de vista individual son:

- aceptación del propio cuerpo
- esfuerzo
- superación
- espíritu lúdico
- autocontrol
- responsabilidad

que permiten combatir las siguientes amenazas a nivel personal:

- enfermedades
- conformismo
- lesiones
- trastornos alimenticios

En el ámbito social, el deporte permite trabajar los siguientes aspectos:

* Para leer el estudio sobre los *Derechos de la infancia en el deporte* realizado por la Unicef podemos abrir el siguiente enlace: <http://www.enredate.org/docs/doc4e119043a112d.pdf>.

- respeto
- compañerismo
- compromiso
- cooperación
- diversidad
- participación
- igualdad

que a su vez ayudan a vencer las siguientes dificultades o amenazas a nivel colectivo:

- individualismo
- racismo
- sexismo
- discriminación
- violencia

Asimismo, Unicef destaca un aspecto importantísimo al que más adelante prestaremos atención, y que está relacionado con la violencia y la negociación. Ser capaz de relacionarse con los demás implica siempre aprender unas normas de comportamiento, que resultan básicas para que el juego o la carrera lleguen a buen término y para que los deportistas puedan entrenarse y competir con seguridad y respeto. A diferencia de lo que podemos observar en algunos medios, la figura del «contrincante» debe entenderse como un colaborador necesario en el desarrollo de cada persona y equipo, ya que sin él no habría competición ni existiría la posibilidad de ponerse uno mismo a prueba. Diríamos que el contrincante es la excusa para que un jugador pueda luchar por superarse a sí mismo. A un tiempo, la relación que se establece con el contrincante debe seguir las reglas de deportividad y respeto, porque el deporte no existe sin ciertos códigos (lo que antes se conocía como «códigos de honor») que consisten en respetar las normas y jugar limpio. Con el deporte aprendemos que el respeto al otro y el ceñirse a un reglamento no reduce nuestra libertad, sino al contrario, nos permite ser más fuertes y madurar en la relación con el entorno.

En pocas palabras, diríamos que practicar deporte constituye una parte imprescindible del proceso de educación y crecimiento de una persona. Cuando hablamos de educación en el deporte nos referimos a la posibilidad de sentirse libre, no solo durante el tiempo que dura la actividad deportiva, sino en el conjunto de momentos y tareas que nuestros hijos deberán afrontar a lo largo de su vida.

EL DERECHO AL JUEGO

Con todo lo anterior hemos olvidado un rasgo importantísimo del crecimiento de nuestros hijos, que está recogido en la Convención sobre los Derechos de los Niños y Niñas que firmó la Asamblea General de las Naciones Unidas en 1989. Para decirlo brevemente, ese tratado explica que todos los niños y niñas tienen derecho a descansar y a jugar.

Más aún, los países están obligados a promover el derecho de los niños a jugar y a distraerse, y a conocer así los valores propios de su sociedad y descubrir también los de otras culturas.*

El juego y la diversión forman parte del deporte, sobre todo en edades tempranas. Si quitamos esta dimensión de la experiencia de nuestros hijos, sin duda no lo estamos haciendo bien. Cuando son pequeños, los niños tienen que disfrutar, han de pasárselo en grande. Los mejores recuerdos de la infancia que conservan los deportistas y los profesionales que entrevisté para este libro se relacionan con la diversión, y sin ella es probable que muchos hubieran abandonado su carrera antes, o incluso puede que jamás la hubieran empezado. El juego es una vía perfecta para crecer y aprender, quizá la más importante de todas ellas. Esforcémonos para que los niños puedan disfrutar con aquello que más les gusta.

Y, sobre todo, al apuntar a nuestros hijos a hacer deporte, fijémonos como objetivo la posibilidad de conseguir

* Artículo 31 de la Convención sobre los Derechos del Niño, que establece que todos los niños tienen derecho a jugar, descansar y divertirse.

1. Los Estados Partes reconocen el derecho del niño al descanso y el esparcimiento, al juego y a las actividades recreativas propias de su edad y a participar libremente en la vida cultural y en las artes.

2. Los Estados Partes respetarán y promoverán el derecho del niño a participar plenamente en la vida cultural activa, inculcarle el respeto de los derechos humanos elementales y desarrollar su respeto por los valores culturales y nacionales propios y de civilizaciones distintas a la suya.

todas estas metas, en vez de que nuestra finalidad sea la de
convertirlos en grandes campeones.

UNA EXPERIENCIA NECESARIA: EL FLUIR

En su libro *Cuida tu cerebro y mejora tu vida*, Álvaro Bil-
bao* explica que podemos desarrollar tres áreas de nuestra
vida cerebral para sentirnos más felices. Dos de ellas no
están necesariamente relacionadas con el deporte, ya que
consisten en: 1) disfrutar de emociones placenteras, como
pasar un buen rato con la familia o ayudar a los demás, y
2) dar sentido a la vida, o encontrar un significado a nuestra existencia, que implica vivir según unos objetivos y unos
principios, cosa que suele dar mucha paz espiritual.

Ahora bien, existe otra experiencia muy particular que
cuando somos niños solemos percibir con mucha regularidad y que de mayores nos pasa más desapercibida. Se
trata del «estado del **fluir**», esa sensación de abandono y
desconexión mental que nos embarga cuando estamos
muy concentrados haciendo algo que nos gusta. Nos enfocamos tanto que, de hecho, es como si dejáramos de pensar. En la infancia suele ocurrir que nos lo pasamos tan
bien que perdemos el sentido del tiempo, y esa sensación
se parece muchísimo a la felicidad, porque te abstraes de

---

* Álvaro Bilbao, *Cuida tu cerebro y mejora tu vida*, Barcelona,
Plataforma Editorial, 2013.

ti mismo y de tus problemas y simplemente haces algo que te gusta.

Antes hemos hablado del derecho al juego, y de cómo el deporte constituye una forma perfecta para hacer ejercicio y pasarlo bien. Podemos añadir, de ahora en adelante, otra particularidad: el deporte es una buena manera de evadirse de la cotidianidad, pues activa nuestro cuerpo y nuestra mente; exige concentración y esfuerzo; nos activa y nos relaja simultáneamente, y despierta en nosotros una sensación muy placentera. Después de hacer ejercicio y de liberar energías y sudar, y, sobre todo, después de olvidarse durante ese rato del mundo, muchas personas, jóvenes y adultos, experimentan sensaciones y emociones muy positivas. En eso consiste lo que se entiende por «fluir».

A los adultos nos cuesta mucho desconectar, y a veces olvidamos que la diversión, la libertad y el juego son imprescindibles para nuestros hijos. Si los apuntamos a alguna actividad deportiva les será mucho más fácil ser felices; pero tenemos que asegurarnos de que disfrutan y se sienten bien. Solo así se cumplirán las tres facetas del esquema del deporte: educación + esfuerzo físico + diversión.

EL DEPORTE TE DESCUBRE QUIÉN ERES

Pero aún hay dos aspectos más que son relevantes. De ambos nos hablan Ernesto Mañanes y Jesús Ruiz en su entrevista. El primero es que el deporte te enseña a cuidarte y a vigilar tu cuerpo, siempre teniendo en cuenta la edad, el desarrollo y las necesidades del pequeño. Evidentemente, por norma general un niño de ocho o diez años no «sabe» que debe comer de forma saludable. Somos los padres, los entrenadores y los educadores en conjunto quienes vamos inculcando en los pequeños hábitos y rutinas beneficiosas, para que se acostumbren a llevar una buena alimentación y disfruten comiendo, así como para que tengan energía para correr.

Es obvio que las actividades deportivas necesitan que tu cuerpo (¡y tu mente!) estén al cien por cien. Para mantener tu cuerpo y tu mente frescos tienes que dormir un mínimo de horas, alimentarte bien, hidratarte y saber cuándo estás exigiendo demasiado a tu organismo. Como en algunos deportes se pasa mucho tiempo al aire libre, ya sea bajo el sol o a bajas temperaturas o nadando, los deportistas, jóvenes y adultos, son conscientes de su entorno y aprenden qué deben tener en cuenta para asegurarse un buen desarrollo de sus ejercicios: utilizar protección solar y beber suficiente agua; servirse de gafas de natación; conocer las mareas; prestar atención al tráfico; llevar rodilleras y coderas, etc.

Lo mejor es que nuestros hijos adquieren estos hábitos mientras disfrutan, en mitad del juego, por decirlo de algún modo. Si inculcamos dichos hábitos durante la infancia, les serán de utilidad toda la vida, incluso cuando no estén practicando deporte.

Antídoto contra conductas peligrosas

A esos hábitos positivos hay que sumarle otro más. Una chica entusiasmada por el deporte y que al día siguiente tiene que madrugar para ir a voleibol quiere descansar bien, o al menos no salir hasta muy tarde, porque a las pocas horas deberá rendir mucho. Esa adolescente se acostará temprano porque disfruta con el voleibol, se lo pasa bien haciendo deporte, y no percibe como un «sacrificio» el hecho de no poder salir hasta tarde de fiesta con los amigos, sino que prioriza una diversión por encima de otra. Está de más especificar cuál de las dos diversiones es más saludable. Tan solo me limitaré a decir que las actividades deportivas mantienen a los chicos lejos de ciertos riesgos propios de la adolescencia, como la desorientación, el no saber qué hacer con el tiempo y el sentirse tentado por actividades o conductas peligrosas. Se trata de educar a nuestros hijos para que elijan el deporte como una manera de divertirse.

Salir de fiesta no es la única opción para sociabilizar y pasar un buen rato. De igual forma, dedicar tardes enteras a jugar a videojuegos no es el único modo de divertirse. Nuestro papel como padres consiste en enseñar que el deporte es equivalente a diversión. Más aún, el deporte propicia que los jóvenes se relacionen con otras personas de intereses similares o con rutinas parecidas y esa es la mejor protección ante ciertos riesgos que rondan la adolescencia. Formar parte de un grupo responsable, feliz y activo es la mejor manera de socializar y sentirse acogido. Como afirman Ernesto y Jesús, mientras algunos padres no saben dónde están, con quién o qué hacen sus hijos por la tarde o por la noche, los padres de deportistas pueden decir tranquilamente que sus chicos están en el club o con los del club, alejados de las malas influencias y conscientes de la importancia de cuidar de la salud y respetar los horarios.

Resumiendo: gracias al deporte podemos conseguir que nuestros hijos se sientan bien con ellos mismos y su cuerpo; gracias al deporte la adolescencia no será un camino tan difícil, ni para los jóvenes ni para sus familias; además, formar grupos de amigos positivos y saludables favorece que el sentimiento de pertenecer a un grupo no venga unido a malas prácticas, jugarretas o inseguridades físicas o emocionales. El deporte ayuda a que nuestros hijos e hijas sean más fuertes, estén más preparados y más seguros, se sientan más felices y con mayor confianza. ¿Qué otra cosa puede pedir un padre o una madre? Vivir la adolescencia con alegría y tranquilidad es la forma más adecuada para ingresar en la vida adulta. Y el deporte tiene mucho que aportar en este sentido.

EL DEPORTE SUBE LA AUTOESTIMA

Para que nuestros hijos dispongan de un buen futuro debemos educarlos para que tengan una autoestima alta. ¿Cuáles son las condiciones necesarias para lograrlo? Lo principal es entender que las personas cambian según la edad. Por norma general, el conocimiento del propio cuerpo (por ejemplo, sus destrezas, sus habilidades y su potencial) y su aceptación son requisitos indispensables. Para ello hay que descubrirlo, utilizarlo, cuidarlo y disfrutarlo, porque todos somos nuestro cuerpo. Si lo cuidamos, estamos cuidándonos a nosotros mismos. Nos sentiremos mejor y viviremos más felices.

Pero también debemos trabajar la tranquilidad y la seguridad. Según su grado de desarrollo físico, emocional e intelectual, tenemos que ayudarles a plantearse retos realistas, e ir aumentando la dificultad y la responsabilidad según convenga. Unos padres que les solucionan todo a sus hijos y no les exigen nada, a la larga les están haciendo un mal favor, ya que les están impidiendo descubrir cuánto pueden esforzarse y cuánto pueden perseverar. De modo que no debemos presionar, pero tampoco sobreproteger.

La adolescencia, con todos los cambios que implica, puede desorientar mucho a los jóvenes. Se trata de una etapa vital por la que pasamos todos que suele ser «divertida», tanto para los chavales como para sus familias. Pero existen maneras de suavizar y controlar un poco el proceso. El deporte es un buen antídoto contra la inseguridad y el descontrol porque conlleva esfuerzo, tonificación y diversión. Sin duda que un cuerpo atlético luce bien, pero lo más positivo es saber luchar por lo que nos proponemos. Si quieres ganar una carrera, debes esforzarte y tener suerte, no se te regalará ni una medalla ni un gol. La sensación de conseguir algo tras pelearlo lo suficiente (ya sea un examen, una carrera, un proyecto o la construcción de una maqueta) es una manera excelente de subir la autoestima. Un pequeño apunte: autoestima no equivale a ir de sobrado o de crack. Es importante que los pequeños se valoren a sí mismos desde la humildad y la certeza de haberse esforzado, de lo contrario pueden despertar animadversión entre aquellos con los que juegan o entrenan. Peor aún, si un niño o niña solo se valora por los éxitos cosechados, ¿qué ocurre cuando no obtiene el oro? Probablemente el pequeño sufrirá mucho, porque no ha conseguido lo único que se proponía: ganar. En cambio, si se pone el acento en mejorar, el niño sabe que debe esforzarse por superarse a sí mismo, que el resultado dependerá de lo que él haga, y sabrá además que el premio consiste en el progreso y no en los títulos. Estos quizá lleguen, o tal vez no, pero no se trata del único objetivo. La recompensa radica en valorarse a uno mismo con discreción, disfrutando de los éxitos, sí, pero sobre todo del esfuerzo y la dedicación, constructivamente, centrándose más en el camino y el proceso que en los resultados. Así nos evitamos endiosamientos cuando se triunfa y sufrimiento cuando se fracasa.

El deporte como transformación social

Nos sorprenderíamos de los rasgos profundamente transformadores del deporte. A diferencia de otros ámbitos de aprendizaje, el deporte implica irse formando y educando en aspectos clave del día a día, y eso significa que va mucho más allá de la persecución de resultados. Detengámonos en tres ejemplos: el deporte trabaja la convivencia en el seno de un grupo; se centra en la relación educativa entre niños deportistas y sus entrenadores, entre niños de la misma edad y de edades diferentes, entre niños y niñas de condición social diversa, y centra su interés en las rutinas cotidianas que se preocupan de la higiene y el cuidado del cuerpo.

Todas estas dimensiones hacen hincapié en el descubrimiento y la aceptación de las capacidades propias y ajenas, así como en el conocimiento mutuo y el respeto. Desde un punto de vista social, eso propicia que los chicos deportistas puedan aprender más rápidamente cuáles son los hábitos y las rutinas propios de un grupo, el suyo, y que puedan distinguir con mayor celeridad cuáles son las actividades y las particularidades que necesita el conjunto. Con palabras más técnicas diríamos que el deporte facilita el trabajo en la dimensión crítica de sus participantes, que empiezan a ser conscientes de las diferencias individuales así como de las características de su grupo, y, por extensión, de los derechos comunes y universales.

Los intereses del deporte, tal y como lo entendemos, van más allá del simple hecho de subirse al podio, ya que los niños deportistas, al ganar en recursos físicos y psicológicos, y al perfeccionar sus capacidades, pueden aportar sus destrezas al bien común, del que tienen conocimiento gracias a las normas y a los reglamentos. A poco que nos centremos en la palabra «justicia» lo veremos claro: uno de los objetivos del fútbol consiste en marcar más goles que el equipo contrario, pero no a cualquier precio, sino respetando las normas de la competición, así como a los otros participantes, y sin hacer trampas. Muchas veces oímos aquello de «que gane el mejor», pero lo cierto es que el mejor siempre gana en unas circunstancias específicas, y para que el triunfo tenga sentido, para que sea válido, debe producirse teniendo en cuenta las normas establecidas. La justicia implica respetar las pautas sociales de cada momento, así como el derecho de todos los participantes de disfrutar de las mismas condiciones.

Existen dos conceptos que son fundamentales para que la tarea educativa del deporte tenga sentido: respetar las normas y obedecer la autoridad. Nuestra sociedad necesita de ambas para funcionar correctamente. También el deporte. Y asimismo nuestros hogares. La justicia y el respeto deben trabajarse desde casa. A partir de ahí será más fácil que el deporte y la sociedad funcionen mejor.

2

El deporte enseña...

La gran victoria que hoy parece fácil fue el resultado de pequeñas victorias que pasaron desapercibidas.

PAULO COELHO

Ahora concretaremos un poco más algunos de los aprendizajes que son posibles gracias al deporte.

De entrada, no podemos olvidar este objetivo: que nuestros hijos practiquen alguna actividad deportiva como mínimo hasta que pasen la adolescencia. Ya vimos que el ejercicio físico resulta imprescindible para llevar una vida sana y para divertirse y pasarlo bien; además está demostrado que un niño que hace deporte durante la infancia y la adolescencia seguirá practicándolo en su vida adulta. Por eso el deporte, sobre todo en edades tempranas, debe convertirse en sinónimo de costumbre o rutina, por un lado, y de diversión y placer, por el otro. Debemos acostumbrarlos a llevar una vida activa desde el juego y la diversión.

Un factor decisivo para que los chicos y las chicas disfruten cualquier deporte que hagan es que lo elijan ellos mismos, pues lo que nos importa a nosotros (que se muevan, que hagan ejercicio, que se acostumbren a correr y a sudar, que lo pasen bien) cualquiera de ellos nos sirve. Y si parten de una relación de disfrute y diversión con un deporte que les interese, acabarán estando abiertos a todos los demás, como afirma Mavi García en la entrevista que le hice.

Dicho eso, veamos qué valores enseña el deporte y cómo podemos fomentar hábitos de vida saludables en nuestros hijos.

Compromiso

En la entrevista a Aroa González, la deportista nos explicó que, en su opinión, los niños, sobre todo cuando son pequeños, deberían probar muchos deportes diferentes, ya que con eso saben con cuál de ellos se lo pasan mejor, o cuál se les da bien, y también descubren que hay muchas opciones por explorar, pues si en uno no encuentras tu lugar vale la pena seguir buscando. Pero lo cierto es que llega un punto en el que es importante trabajar el compromiso. Mi hijo Ismael, alumno de primaria, tuvo que escoger una actividad escolar entre las dos que más le llamaban la atención: aprender a tocar un instrumento o practicar un deporte. Los cursos suelen ofrecer un par de clases de prueba para que los niños conozcan en qué consistirá el curso y se planteen si les gustará o no. Después de pensárselo mucho, Isma se decantó por el instrumento, la batería, y se dirigió a su primera clase oficial armado con dos baquetas nuevas y relucientes. Claro, la música a nivel principiante, como las primeras lecciones de un idioma desconocido o los primeros entrenamientos de un deporte nuevo, suelen ser introductorios y de preparación para acceder a los niveles siguientes. A medida que sube la exigencia se acrecienta también la diversión, pero todo inicio suele ser difícil, e Isma no tardó en descubrir que tocar la batería como el baterista de AC/DC no era algo que se consiguiera de inmediato y había mucho por hacer. Para empezar había que agarrar bien las baquetas, después saber seguir un ritmo, etc.

Francisco Castaño @Francasta · 27/6/17
Cuando los niños comienzan una actividad extraescolar, adquieren un compromiso durante todo lo que dure. No la pueden dejar por capricho.

♡   ↻1   ♡7   ⅲ

En ese punto su madre y yo habríamos podido desapuntarlo del curso y permitirle que eligiera otra actividad. Y sin embargo quisimos que Isma entendiera que cuando decidió asistir a esas clases había asumido un compromiso hasta junio, es decir, el curso entero. A mediados de enero, después de las vacaciones de Navidad, Isma nos confesó que las clases cada vez le gustaban más. Lo cierto es que aprendió varias cosas: que el esfuerzo da resultado; que debemos esperar un tiempo para que las actividades den sus frutos; que a veces cuesta un poco aprender a disfrutar de lo que no conocemos, y que practicar una misma actividad durante largos períodos es muy positivo a la hora de trabajar la constancia y el aprendizaje a largo plazo.

Con el fútbol, o con la gimnasia, ocurre lo mismo. En primer lugar, una disciplina deportiva no se domina en cuestión de días o de meses; hay que dedicarle horas, entrenos, esfuerzo, para que empecemos a notar una evolución. Es necesario cierto compromiso para que las cosas avancen. Simultáneamente, algunos deportes requieren la presencia de todo el equipo para funcionar de forma correcta. Si nos inscribimos en un equipo nos comprometemos a participar de las dinámicas del grupo y del club, a asistir a los entrenamientos y a hacerlo lo mejor posible, porque ya no importamos solo nosotros, sino que formamos parte de una comunidad más grande, y velar por sus intereses significa implicarnos mucho.

De todos modos no hay que confundir la presión con el compromiso. A mi hijo no le presionaré para que sea el mejor ciclista del mundo, pero debe recordar que martes, jueves y sábado hay entreno. Si los padres permitimos que los niños falten con regularidad a sus entrenos o a sus clases, ya sea porque están cansados, porque no les apetece ir en ese momento, porque tienen mucho trabajo y no se han organizado, etc., al final los chavales van perdiendo la marcha, se quedan atrás con respecto a los compañeros, no evolucionan como ellos y, por lo tanto, se sienten en inferioridad de condiciones... A la larga, la pérdida de la capacidad de comprometerse suele arrastrar consigo la capacidad de motivarse y entusiasmarse con algo. Cuando eso ocurre, los padres dejamos escapar la oportunidad de que los chavales adquieran una costumbre importantísima, que es **el hábito de tener hábitos**: el hábito de ir a clase, de hacer ejercicio, de comer bien e hidratarse habitualmente, de hacer los deberes y estudiar, de tener la habitación ordenada...

Los deportes individuales suelen ser una escuela que fomenta el compromiso, sobre todo porque exigen de cada persona mucha dedicación. En deportes individuales como el ciclismo, el atletismo, la natación o el triatlón, los primeros entrenamientos, aquellos que se practican cuando los chicos son pequeños, tienen lugar en grupo. A partir de los catorce años, sin embargo, los deportistas ya deben ser capaces de entrenar solos (condición que también se requiere en deportes colectivos, por ejemplo cuando los deportistas deben entrenar apartados del equipo según unas necesidades especiales) y el compromiso se vuelve individual. Ya no hay grupo que pueda disimular u ocultar el hecho de que no has entrenado, sino que eres tú mismo, en solitario, quien debe rendir.

Permitidme una anécdota personal: hace años estaba preparando la maratón de Barcelona. Me levanté a las cinco de la mañana en mi pueblo, Ejea, y en cuanto salí a correr comprobé que estábamos a cinco bajo cero. Había alguien en el parque haciendo estiramientos en una barandilla. Era Alberto Zapater, jugador del Zaragoza. Lo saludé al pasar junto a él, y cuando ya había dado la vuelta al parque vi que él también se había puesto a correr, pero en dirección contraria. Pronto nos topamos y cambié mi dirección para trotar a su lado. Alberto me enseñó un papel con una tabla de los ejercicios que tenía que practicar durante las vacaciones. Mientras corríamos, me contó que ese mismo día volaba hacia Londres, y que había decidido entrenar temprano porque sabía que después del vuelo no le quedarían ganas. Su compromiso en el campo, y fuera de él, quedó demostradísimo esa mañana. Si a nuestros hijos también les inculcamos el compromiso, podrán aplicarlo a todos los ámbitos de la vida, y los beneficios que sacarán de él son incontables.

HUMILDAD

Mi abuelo Baltasar decía: «Cuando hagas algo bien, di: "Qué bien que lo he hecho", pero que nadie te oiga porque si no pensará que eres un creído». Muchos chicos y chicas son buenos en el deporte, rinden lo suficiente con poco esfuerzo y disfrutan del éxito, que les llega rápido porque tienen talento. Ahora bien, ese talento natural, por grande y potente que sea, acabará topándose con sus propios límites, y en ese punto es donde el esfuerzo, la constancia y la responsabilidad posibilitan sacar diez milímetros de ventaja en natación, o dos segundos en ciclismo o atletismo. El hábito y el esfuerzo nos permiten crecer como personas.

Trabajando y ejercitándose uno sabe para qué es apto o cuáles son sus habilidades... y también qué cosas no es capaz de hacer. Por ejemplo, un corredor sabe que si no entrena no podrá reducir su tiempo. Y es consciente de que para rascar tres segundos al cronómetro tiene que practicar mucho. El hábito de entrenar es tan importante como el conocimiento que se adquiere con él, porque conoces qué puedes lograr, pero además qué necesitas hacer para mejorar: ser deportista es convertirse en un inconformista.

Educar en el esfuerzo y en la constancia es, asimismo, educar en la humildad, y enseñar a los pequeños que no deben dejarse en manos de la suerte o el «talento». Como decía Spiderman, aceptar con humildad un talento, o un poder, conlleva una gran responsabilidad, que consiste en trabajar mucho, cuidarte y sacar el máximo partido de tus habilidades. Porque quizá sabes adónde puedes llegar con tu talento, pero desconoces adónde te llevará el trabajo, la constancia y la humildad. Un deportista que es consciente del esfuerzo y la perseverancia no culpa a los demás, o a la mala suerte, de lo que le ocurre, sino que siempre acepta su parte de responsabilidad. Además, entiende que cualquier fracaso es una oportunidad de aprendizaje, y que en el siguiente entrenamiento puede trabajar ese aspecto para solucionarlo. En general un deportista es una persona consciente, responsable y autónoma.

¿Qué ocurre cuando endiosamos a los niños? Ir de sobrado, o de crack, no solo puede tener efectos adversos en sus relaciones, pues los demás pueden cansarse de la soberbia, sino que puede ir en contra del rendimiento del propio niño o niña.

Francisco Castaño @Francasta · 24/6/17 ⌄
No es bueno endiosar a los hijos. La humildad es algo que les hemos de inculcar. Les ayudará a ser más felices y tener más amigos.

♡ 2   ↻ 8   ♡ 26   ılı

Conozco el caso de un chico que tenía disposición corporal para ganar en las competiciones de natación y que vencía con facilidad a sus compañeros. Ese niño no solía entrenar demasiado porque no lo necesitaba para ganar carreras, y cada vez que subía al podio se le veía sonreír con ganas. Disfrutaba mucho con el deporte que había elegido.

Con todo, sus padres sabían que tarde o temprano la racha podía acabarse, porque siempre existe la opción de que aparezca nueva competencia, y porque otros chicos podían dar el estirón en cualquier momento y ponerse a su nivel, y no sabían cómo preparar a su hijo para una futura derrota. Evidentemente no iban a impedirle que ganara, pero sí insistieron en que empezara a entrenar con mayor frecuencia y que se centrara más en mejorar sus tiempos personales, es decir, en superarse a sí mismo, y no tanto en vencer a los demás. Poco a poco lograron que el chico disfrutara del deporte por el reto que suponía en sí, más que por la competición. Una cuestión importante y muy relacionada tenía que ver con impedir que el chico se endiosara.

Los logros había que celebrarlos con humildad; nada de lucirse como un pavo real por los vestidores. De ese modo los padres querían evitar que los otros nadadores se cebaran con su hijo cuando llegara el momento de perder. A principios de otoño, un nadador ruso llegó al país para estudiar y empezó a competir. Enseguida demostró que era más rápido en el agua que todos los lugareños y, como era de suponer, no tardó en ganarle las carreras al antiguo vencedor. Evidentemente, la frustración de quien nos ocupa cuando empezó a perder fue terrible, pero pudo sobreponerse con mayor facilidad gracias al apoyo de sus compañeros, que asimilaron igual que él la potencia del nadador ruso y no hicieron leña del árbol caído, ya que ninguno de ellos podía competir con el nuevo, y, sobre todo, gracias al hecho de concebir el campeonato como un proceso y como un medio, no como un fin. Lo importante es crecer uno mismo.

Pedro García Aguado, en la entrevista, explicó que una de las cosas que le engancharon al deporte fue la diversión, simplemente. Él empezó acompañando a sus hermanas mayores a clases de natación. Se tiraba al carril de nadar y hacía sus piscinas. Pero vio que en otro carril estaban jugando a pelota, a waterpolo, ese deporte en el que después destacaría tanto. Sin pedir permiso, Pedro se cambió de carril y se puso a jugar. La sensación de disfrute, poder y placer que sentía jugando guiaría el rumbo de su vida adulta.

¿No es eso lo que queremos para nuestros hijos?

RESPETO A LOS DEMÁS

Conozco el caso de un chico francés, Liam, que a los nueve años de edad fue capaz de dar una lección importantísima a su padre. Resulta que Liam descubrió que le gustaba el fútbol en la hora del recreo, y pidió a sus padres que lo apuntaran a clases extraescolares para aprender más. Sin pensárselo mucho, los padres de Liam lo inscribieron en la oferta extraescolar del propio colegio, así no había que preocuparse de trasladar al niño con prisas después de clases. Entonces llegó octubre y, con él, el inicio de las actividades deportivas.

Liam se lo pasó en grande desde la primera clase, disfrutando con los compañeros y las compañeras, aprendiendo sin prisa pero sin pausa las mejores técnicas, y creciendo feliz y sanamente. Tuvo la suerte de contar con un entrenador que siempre se preocupaba de que los niños estuvieran contentos, que todos se lo pasaran bien y que fueran asumiendo las normas del fútbol. Mientras el pequeño disfrutaba, su padre empezó a soñar con el futuro de Liam: lo imaginaba desarrollando una carrera deportiva impecable, jugando en los principales equipos, ganando millones, y además se veía a sí mismo como el representante de Liam. Juntos iban a hacer historia.

Fantaseaba con todo esto mientras veía a Liam correr detrás de la pelota, caerse riendo al suelo, abrazarse con sus compañeros cuando marcaban un gol y también rodeándolo a él con sus brazos, más tarde, cuando llegaba la hora de irse. El padre no tardó en darse cuenta de que con ese entrenador Liam no llegaría lejos como deportista, y empezó a enfurruñarse porque los niños jugaban mucho y entrenaban poco. Sin atreverse a comentarlo con su mujer, y mucho menos con el entrenador, el padre se presentó a la clase previa a las Navidades hecho una furia y se veía incapaz de contener sus ansias de despertar en su hijo la pasión por la victoria.

Todos los familiares se sentaron en unos bancos dispuestos en las paredes del gimnasio para ver cómo sus pequeños jugaban un partido de fútbol. La actividad transcurrió sin muchos incidentes hasta que Liam, sin querer, quiso golpear el balón, pisoteó a un compañero y los dos cayeron al suelo. El padre de Liam saltó de la banqueta y empezó a gritar a su hijo que corriera hacia el balón, que aún disponía de unos segundos, que si se daba prisa estaba a tiempo de alcanzarlo, y que apenas había defensas en la portería...

Se quedó boquiabierto cuando Liam no le hizo caso y, mientras terminaba de levantarse, cogió a su amigo del brazo y lo ayudó a ponerse de pie. Incluso le pidió perdón. La pelota, y el partido, eran lo de menos. Lo importante es cuidarse los unos a los otros para que podamos disfrutar y aprender todos por igual.

Al acabar el partido, el padre del compañero al que Liam había pisado, se le acercó para decirle: «Tienes que estar orgulloso de tu hijo, nos ha dado una lección a todos los que estamos en el gimnasio. Se ha comportado con humildad y compañerismo».

Unos minutos después, ya en el coche y de camino a casa, el padre le preguntó a Liam solo una cosa: «¿Te lo has pasado bien?». Su hijo respondió: «Sí». Y entonces el padre, acariciándole el pelo, le dijo: «Estoy orgulloso de ti».

ESPÍRITU DE SUPERACIÓN

El deporte es una buena manera de aprender a exigirse más a uno mismo. La expresión «una pedaleada más», que suelo usar para animarme cuando me siento cansado en la bici y tengo que superar alguna dificultad, es un buen ejemplo. Cada uno dirige y pedalea su propia bici en la dirección que escoge, y la verdadera meta es esforzarse con el fin de crecer y mejorar los propios resultados. Ahora bien, como padres no debemos imponer retos o metas a nuestros hijos. Si un adulto debe escoger sus propios objetivos, ¡con más razón tiene que hacerlo un niño! Nuestros hijos seguramente solo piensen en disfrutar y pasárselo bien con el deporte. Y de eso se trata, precisamente, de divertirse y tener ganas de repetir en el próximo entreno.

El espíritu de autosuperación no puede forzarse. Debe inculcarse a través de los pequeños hábitos que les enseñamos en casa, pero no se consigue con presión. Mi experiencia me ha enseñado que los niños se esmeran a tope cada vez que salen a correr o a jugar un partido. Dan todo lo que tienen en ese momento. Ellos se marcan sus objetivos y, por lo general, sus metas son más realistas de las que les solemos señalar los padres. Y a veces eso no basta para ganar un partido o una carrera, porque quizá falta el factor suerte o el contrincante es más talentoso o dispone de mejor condición física... En cambio, si modificamos ligeramente nuestra perspectiva, veremos que la entrega total de nuestros hijos sí basta para crecer y aprender. Acostumbrarse a luchar, a esforzarse, a sacar adelante las propias aspiraciones, son hábitos que, en el futuro, podrán aplicar en su vida cotidiana. Un partido perdido hoy puede ser un gran aprendizaje para el día de mañana. O, como dijo Michael Jordan: «El juego tiene sus altibajos, pero no debes perder de vista las metas individuales, y no debes dejar que te venzan por falta de esfuerzo».

La competición en edades tempranas es un medio, no un fin. Al competir aprenden a ganar, a perder, a gestionar frustraciones, a darse cuenta de que hay personas mejores y peores que ellos en su disciplina, y a respetarlos a todos por igual; que algunos días les saldrán mejor las cosas; que si durante una etapa entrenan menos, eso se verá reflejado en sus resultados. Todas estas cosas deben enseñarse mediante la competición. Como padres no debemos fijarnos en si ganan o no un partido o una carrera, sino en cómo van desarrollando su espíritu de superación y sus habilidades personales. Esa es la mejor medalla.

El caso de Pablo Sanz es paradigmático y un buen ejemplo de lo que pretendo decir. El Genesis Cycling Team explica su historia como sigue: «Pablo Sanz fue un niño que nació a principios de agosto de 2003 en Zaragoza y que en diciembre de 2007, cuando tenía siete años recién cumplidos, le diagnosticaron un hepatoblastoma, cáncer de hígado, con metástasis pulmonar. Fue tratado con quimioterapia y a los cuatro meses fue intervenido con éxito, ya que la enfermedad remitió completamente, o eso es lo que pensaban. En diciembre de 2009, a los dos años del primer diagnóstico, en un control rutinario le detectaron una recaída de la enfermedad, esta vez focalizada en los pulmones. Nuevamente pasaron por un durísimo tratamiento de quimioterapia que concluyó con una nueva intervención quirúrgica y la remisión de la enfermedad.

»El 17 de mayo de 2016 finalizó la escapada que mantenía Pablo en solitario con la vida; llevaba desde los siete años luchando contra lo irremediable. Como esa escapada en solitario que mantiene un gregario contra todo un potente pelotón que rueda tres veces más rápido que tú, que sabes que no llegarás a la meta pero sigues luchando creyendo en la vida.

»Pablo no recibió medallas ni condecoraciones, ni acaparó titulares en los periódicos, ni los aficionados conocían su nombre. Pero, a todos nos ganó con su sencillez y su forma de luchar; en silencio y sin victimismo.

»Pablo fue aquel sacrificado ciclista que "da la vida" por su familia y sus compañeros, y afronta la vida contra las caídas con la sola recompensa de llegar cada día a la meta.

»Fue aquel que, con entusiasmo, juró junto a su bicicleta no abandonar la vida ni aun cansado, lastimado o desanimado; es aquel cuyo único aliciente lo encuentra en su casa, al regresar cabizbajo y fatigado, en el beso y las caricias de su padre, Fermín; de su madre, Begoña, y de su hermano, Íñigo.

»Pablo fue aquel al que los amigos y familiares le preguntaban: "¿Cómo estás?", y apenas podía aclararse la garganta para responderles: "Hoy no fue bien, mañana quizá será mejor".

»Pablo fue aquel abnegado ciclista que cada día, con cielo gris o sol radiante, se lanzaba al asfalto a devorar kilómetros con la intención de recuperarse, pero al que la naturaleza no le dio la fortuna necesaria para llegar al final de su objetivo.»

Una muestra del espíritu de Pablo la encontramos en esta imagen subida a su página de Facebook:

Trabajar en equipo

Francisco Castaño @Francasta · 23/6/17 ⌄
El trabajo en equipo es una enseñanza fundamental para los niños. Va ligado con el altruismo y el saber que es para el bien común

♡1   ↻3   ♡4   ⅠⅠ

El deporte funciona como una gran familia o como una pequeña ciudad. Cada persona debe cumplir con su parte del «trato»: los deportistas tienen que entrenar, esforzarse, disfrutar, aprender y prestar atención a los profesionales que los orientan; los entrenadores deben enseñar las mejores técnicas, físicas y psicológicas, para sacar el máximo rendimiento del ejercicio, que debe ser una fuente de placer y de autosuperación para los pequeños. Y el club debe velar por que todos los participantes cuenten con las instalaciones que necesitan para aprovechar al máximo su experiencia. ¿Y los padres? Acompañamos, orientamos y queremos muchísimo a los pequeños.

El deporte siempre se traduce en trabajo en equipo, no solo en el campo de juego o en la pista, sino que incluye a los entrenadores, a los encargados del club, al que abre los vestuarios, al personal de la limpieza... Para obtener buenos resultados todos debemos cumplir con nuestro papel, como en el fútbol, en el que gana el equipo entero, no uno de sus jugadores. Aunque el delantero es quien marca los goles, los defensas y el portero deben impedir que el contrincante llegue a la propia portería; el conjunto se organiza para ganar y el trofeo es para todos.

Existen otros deportes en los que el éxito depende en gran parte del altruismo. En ciclismo, por ejemplo, existe la figura del gregario, que se define como «aquellos corredores que ayudan a conseguir la victoria al jefe de filas. La labor del gregario puede ser de todo tipo: desde suministrar comida y bebida a su líder, hasta colocarse delante de él para disminuir el rozamiento del hombre importante del equipo con el viento. Dentro de los gregarios encontramos a los lanzadores, que son aquellos corredores que se preparan para ayudar al esprínter».*

En cada caso, el premio y el beneficio son muy diferentes, pero lo que no debe cambiar es la gratitud de los deportistas hacia el resto del equipo y del club. Porque el éxito siempre depende de una cuestión de compañerismo, de cumplir con las responsabilidades y de ayudar a los demás. Nadie ha llegado solo a la meta sin el apoyo de alguien. Se gana siempre en comunidad. Uno también aprende en grupo. El deporte enseña a ser agradecidos y a entender que en esto jamás estamos solos.

---

* Para saber más, podemos leer el artículo «Tipos de corredores» en el siguiente enlace: <http://www.skodaconlavuelta.es/blog/2015/09/07/tipos-de-corredores/>.

3

El papel de los padres

Los niños y niñas tienen que ser competentes,
más que competitivos.

Francisco Castaño

Padre, ¿entrenador o representante?

A veces se dice que los padres que tenemos hijos deportistas
nos dividimos en tres funciones: somos PADRES porque, entre otras cosas, vivimos con ellos, los educamos, los acompañamos, los vemos crecer y los queremos con locura. Por
otra parte, somos ENTRENADORES porque nos interesan sus
rutinas de entrenamiento, llevamos un calendario con los
partidos y los contrincantes, animamos y aconsejamos. Finalmente, somos REPRESENTANTES O MÁNAGERS porque
queremos que nuestros pequeños estén en el mejor club, o
en el más adecuado, aquel que sepa darles todo lo que necesitan y que pueda también sacar de ellos todo su potencial.

Aunque no lo pretendamos, a veces la figura del PADRE,
la de educador, la familiar, la que quiere a estos niños lo-

camente, queda eclipsada por la del ENTRENADOR o la del MÁNAGER, sobre todo cuando nuestro hijo se está preparando para un partido o cuando hemos de revisarlo. En esos momentos, nos olvidamos de los valores que defendemos como familia, o anteponemos los resultados, o la técnica, a lo que verdaderamente importa: la educación, la salud y el disfrute. Cuando un PADRE actúa COMO ENTRENADOR O MÁNAGER está desautorizando a los profesionales, ya que se comporta como si su opinión fuera igual de válida que la de los técnicos. A la larga los chicos acaban muy confundidos si las personas a las que más quieren en el mundo gritan o contradicen a los entrenadores y árbitros, con lo cual la acción educativa se pierde, o queda puesta en entredicho.

Para que la actividad educativa resulte cien por cien positiva, debemos ceñirnos a nuestro papel de padres: animar, acompañar, querer y apoyar, y dejar que los profesionales, es decir, los entrenadores, hagan su trabajo.

¿QUÉ PODEMOS EXIGIRLE A UN NIÑO?

Las actividades y los objetivos de cada niño deben ceñirse a su edad y sus capacidades, porque no todos los chavales son iguales, y debemos educar al hijo que tenemos, no al que nos gustaría tener. Recuerdo la preocupación de uno de mis amigos porque su hijo no tenía la cabeza centrada en el deporte en sí, sino en jugar, mientras que algunos chicos de su equipo ya mostraban una actitud más profesional. Eso no debe preocuparnos, porque hay personas que maduran antes y otras que maduran después. Las comparaciones, siempre odiosas y nocivas, entre nuestro hijo y el del vecino, o viceversa, resultan mucho más dañinas. Cada chico o chica seguirá su camino, y debemos estar a su lado y apoyarles en lo que necesiten.

Relacionemos lo anterior con las metas deportivas que les marcamos. ¿Qué nivel de exigencia es el adecuado en el deporte? Para muchos de nuestros hijos, que se dedican a actividades deportivas por afición, lo único que podemos exigirles es que se diviertan, porque ese es el principal objetivo de practicar un deporte. Detengámonos un minuto y recordemos cuáles son los motivos por los que hacemos ejercicio físico: llevar una vida sana, desarrollarnos, prevenir enfermedades y DISFRUTAR. Entonces los verbos «ganar» y «vencer» no deberían aparecer en los fundamentos de la práctica deportiva de nuestros hijos, aunque ganar y perder forman parte de los múltiples aprendizajes del deporte.

Nuestros hijos necesitan hacer actividad física. Por lo tanto, el deber como padres consiste en que adquieran el hábito de hacer deporte a menudo y que sigan practicándolo cuando sean mayores. Ese es el mejor aprendizaje que podemos darles. A veces nos centramos únicamente en el aspecto competitivo del deporte. Comparamos a nuestros hijos con los otros deportistas y les exigimos que sean superiores que algún otro, o que corran más deprisa que aquel, o que marquen más goles que el vecino. Y entonces cometemos el error de presionarlos demasiado.

Mi hijo Isma se aficionó al ciclismo hace unos años. En todo este tiempo he visto cómo crecía como persona y como deportista; cada año era más rápido en su pedaleo y más preciso en sus movimientos. En ningún momento le pedí que fuera el primero del pelotón. Lo que más me interesa es que disfrute al máximo y siga creciendo. Exigirle que ganara todas las carreras y presionarle para que, en el futuro, pueda vivir de eso sería injusto para él. Con una actitud así solo conseguiría que aborreciera el deporte. Cuando un padre tiene que forzar a su hijo a subirse a la bici o a acudir al campo de fútbol, estamos ante una mala señal. El interés y las ganas deberían surgir de manera natural.

En cambio, el padre que se centre únicamente en el hecho de competir y mejorar los tiempos solo engendrará frustración. Si al niño le exigimos más de lo que puede dar, al final se sentirá impotente, porque nunca alcanzará el objetivo que le señalamos. Una de las charlas que imparto a los jóvenes estudiantes se llama *Triunfar en la vida*, y en ella explico que «triunfar en la vida» se traduce en alcanzar las metas que nos proponemos. Eso conlleva que sepamos plantearnos objetivos realistas y adecuados a nuestras habilidades, y que seamos conscientes de qué estamos en disposición de lograr. Una persona que no practica atletismo no puede proponerse ganar la maratón de Nueva York de la noche a la mañana. Es mucho más recomendable encontrar tu propia meta, y superarte poco a poco.

Un niño, que está creciendo y desarrollándose, tiene ante sí la increíble tarea de descubrir quién es y qué puede lograr. El deporte, ya lo sabemos, sirve precisamente para eso. El descubrimiento tiene que ir de la mano del placer y la diversión. Sin olvidarnos de que debemos trabajar el espíritu de superación.

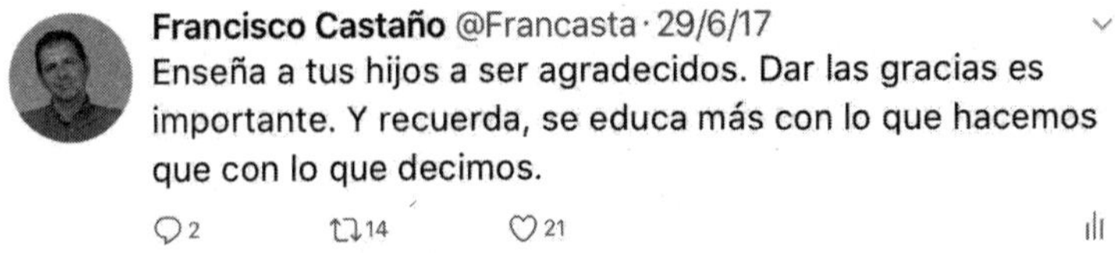
Francisco Castaño @Francasta · 29/6/17
Enseña a tus hijos a ser agradecidos. Dar las gracias es importante. Y recuerda, se educa más con lo que hacemos que con lo que decimos.
2 14 21

¿Qué expectativas tenemos los padres?

Unos padres acudieron a mi asesoría en busca de consejo, porque se daban cuenta de que su hija no conseguía pasarlo bien ni en casa ni en el colegio. Durante las comidas y los fines de semana no tenía ganas de hacer nada; además, habían llamado de la escuela comentando que su rendimiento había bajado en los últimos exámenes. Los padres me dijeron que no tenían la más remota idea de qué podía estar pasándole, sobre todo porque en las clases de tenis iba muy bien y llevaba una buena racha de partidos ganados. «No sabía que vuestra hija practicaba deporte a nivel profesional», les dije. La chica tenía quince años y llevaba seis dedicándose al deporte. Por lo visto había ganado tres torneos entre los ocho y los catorce años, tal y como comprobé en unas fotos que la madre sacó del bolso y me enseñó con satisfacción. «Tenemos muchas esperanzas puestas en ella. Puede llegar muy lejos, su saque es tremendo.»

En ese momento les pregunté si a su hija le gustaba el tenis. Los padres se quedaron callados y se miraron el uno al otro, sin saber qué responder. «Pues claro que le gusta. Lleva tanto tiempo practicándolo que si no le gusta tiene un problema.» Efectivamente, allí había un problema. O mejor, un problemón. Una semana después pude entrevistarme con la joven y me confesó lo que ya me temía, es decir, que hacía años que no disfrutaba con el tenis. En algún punto, después de que ganara el primer torneo, empezó a sentir una presión enorme por triunfar, porque sabía que eso era lo que haría felices a sus padres, tanto que olvidó que era ella la protagonista de su historia y que debía jugar porque a ella, y no a sus padres, le apeteciera.

«Una vez intenté decirles que ya no quería seguir adelante con el tenis. Fue justo antes de ganar el segundo torneo, y en ese momento mi madre dijo que mi reacción tan solo era producto de los nervios de la competición, que se me pasaría muy pronto... ¡tan pronto como hubiera ganado el partido!» La chica salió victoriosa, y el éxito la hizo sentirse bien durante una temporada, pero al empezar el nuevo curso volvió a notarse apática. Sus padres parecían ignorar su insatisfacción; o tal vez no querían verla. ¿Qué se lo impedía? Sus expectativas, deseos y fantasías proyectados en la figura de su hija. Algo parecido expresa Andre Agassi en su libro *Open: Memorias*, donde cuenta cómo se le obligaba a jugar únicamente porque se le daba bien, y porque con ello podían conseguir dinero y trofeos. Pero él no quería jugar.

Hay una frase que resume muy bien esta sensación: «No hay nada peor que se te dé bien algo que no te gusta hacer». Y, por supuesto, los padres y las madres deberíamos preguntarnos, ante todo, cuáles son los deseos de nuestros hijos. Es vital que se muestren sinceros con respecto a qué quieren para su futuro y cómo se lo imaginan, porque su vida les pertenece. Nuestro deber consiste en acompañar, orientar, guiar, ayudar, pues imponer nuestras expectativas sobre ellos es todo lo contrario, porque les empuja hacia un camino que no anhelan y les quita una libertad preciosa de convertirse en quienes quieran ser.

Francisco Castaño @Francasta · 28/6/17
Los padres hemos de orientar a los hijos en su disciplina deportiva, pero la han de escoger ellos.

○   ↻1   ♡4   ጲ

ANÉCDOTA: PAPÁ, QUIERO SER CICLISTA

Un estudiante de la carrera de Magisterio decidió que quería ser ciclista. Su padre le dijo que estaba de acuerdo, pero con dos condiciones: que el curso siguiente se matriculara de una asignatura en la universidad, «para que no olvides los estudios», y que durante un año se esforzara al máximo e intentara por todos los medios conseguir su sueño. El joven fichó por un equipo, estuvo entrenando duro meses y meses, siguió estudiando la asignatura... Al cabo de un año hizo recuento del curso y vio que no tenía las condiciones físicas necesarias para llegar ahí donde quería. Podría haberse esforzado más y subir

> el nivel, pero el ciclismo le exigía más horas de las que estaba dispuesto a dedicarle. Entonces dejó la bici y ahora es profesor. Como dicen Ernesto Mañanes y Jesús Ruiz en su entrevista, es peligroso dejarse llevar por las fantasías y perder de vista la realidad. En este caso el padre supo animar a su hijo sin que dejara de tener los pies en el suelo. Más vale ir valorando las opciones con sentido común; que sean nuestros hijos quienes decidan a qué quieren dedicarse, pero orientándolos para que no se encuentren de pronto sin herramientas o sin futuro. Los sueños son importantes; también la formación.

¿Cómo se comportan los padres en los partidos?

Hace unos años salió publicado un artículo espléndido de Patricia Ramírez sobre los tipos de padre en el deporte, que llevaba por título: «¡Usted es su padre, no su entrenador!»,* y que, en clave de humor, describe los distintos perfiles de padres que nos encontramos en los clubes, en los partidos, acompañando a sus hijos deportistas. El texto empieza recordándonos que los chicos y chicas practican deporte para pasarlo bien, y después apunta las personalidades más habituales. Le hemos añadido alguna más de cosecha propia, y seguro que alguna nos suena, o me atrevería a decir que hemos adoptado más de una a lo largo de

* Para leer el artículo «¡Usted es su padre, no su entrenador!», sigue el enlace:<http://elpais.com/elpais/2014/09/19/eps/1411145614_994965.html>.

nuestra vida como padres. Un buen ejercicio consistiría en autoanalizarse los próximos días y detectar cuándo adoptamos alguna de estas actitudes.

Los más positivos

El padre taxista. Es aquel que sabe cuándo tiene que llevar a su hijo al club y cuándo tiene que recogerlo, pero que no está muy interesado en el deporte. Lleva a su niño a entrenar porque sabe que le gusta y por encima de todo quiere que su pequeño sea feliz.

El padre positivo. Es aquel que entiende que el valor del deporte está en el juego, en la salud y en la diversión, y se dedica a animar o reforzar la buena conducta y la felicidad de su hijo. Se preocupa por cómo han ido los partidos pero considera que el resultado es lo de menos, que lo importante es el entusiasmo, sin presión ni exigencias de ningún tipo.

El padre involucrado. Se toma muy en serio la pertenencia a su club, ayuda en lo que puede, muestra interés en la formación de los chavales y participa activamente en la divulgación de los valores del club. Quiere ser modelo para sus hijos y para los otros padres en más de un sentido; le preocupa el bien común y entiende el deporte como una manera de estrechar vínculos sociales.

Los menos positivos

El padre pesado. También podemos llamarlo monotemático, porque siempre habla del deporte, de lo bien que juega su hijo, y no es consciente de que no todo el mundo quiere discutir siempre sobre el mismo tema... empezando por su hijo, que parece que solo existe para mayor gloria de su padre. Este tipo no suele presionar directamente al joven ni suele gritar, pero le da a entender que solo importa el deporte y que dé la talla como deportista, de modo que el juego o la educación quedan olvidados.

El padre entrenador. Es aquel que grita directrices desde la banda, corrige a su hijo dentro y fuera del estadio, incluso cuando ya van de camino a casa, llegando a contradecir, si lo ve conveniente, las indicaciones del entrenador. Se trata de un padre que sobrepasa su papel como progenitor y quiere ocupar también otro papel, que no le corresponde. Cuando se actúa sin tener en cuenta los roles y los límites, suele generarse confusión en el niño, que por un lado escucha aquella idea del juego que el entrenador profesional trata de inculcarle y, por otro, la versión de su padre o madre, que le llega de día y de noche esté o no pensando en eso. Lo hijos de estos padres suelen sentir presión.

El padre frustrado. Es aquel que espera de su hijo todo lo que él o ella no pudo conseguir, por lo tanto le exige un esfuerzo y un resultado que no se adecúa con lo real, que quizá sea imposible: en realidad está proyectando sus miedos y sus angustias al niño, y con eso es probable que acabe angustiándolo a él también. No contempla la posibilidad de que él deba practicar un deporte para pasarlo bien.

El padre que quiere a Messi o a Ronaldo como hijo. Hablamos de un padre que, con toda la buena intención, intenta motivar, animar, le pide al hijo que se entregue, que se esfuerce, que se deje la piel en los partidos, que entrene más horas de lo establecido, que compita como si ganar o perder lo fuera todo. Lamentablemente olvida algo muy importante: ni su hijo es un jugador de Primera División, que se gana la vida con los trofeos y las medallas, ni él es el entrenador del Real Madrid o del Barça. Con su actitud, este padre consigue que el pequeño pierda de vista los valores que le transmite el club, donde normalmente prevalece la generosidad y la sociabilidad por encima del egoísmo y la individualidad, donde se considera importante disfrutar y aprender, más que ganar o perder, y donde se pretende que el niño respete las normas del juego limpio antes que ir a por todas, cueste lo que cueste.

El padre que resta en todos los sentidos. Da gritos sin parar desde la grada, desacredita al entrenador y al árbitro, no entiende por qué su hijo no rinde más o juega mejor si, como repite una y otra vez, «sus compañeros y sus contrincantes son peores que él». Se comporta de forma grosera con cualquier persona de su entorno, especialmente con los padres del equipo contrario, pero en realidad con cada persona que le llama la atención. Insulta al árbitro y no deja de actuar así hasta mucho después de que haya finalizado el partido o el campeonato. Resumiendo: es el padre del que cualquier hijo se sentiría avergonzado.

¿Animar o deprimir?

En los últimos años se ha hablado mucho del Efecto Pigmalión, o profecía autocumplida, cuya tesis es bien simple: si un niño recibe el apoyo de sus padres, rendirá mucho más. En cambio, si le decimos que se caerá, es probable que el niño acabe tropezándose a media carrera. Con el concepto de Efecto Pigmalión se insiste en la importancia de animar a nuestros hijos, de demostrarles que les apoyamos de manera incondicional. Una gran parte del éxito en la vida consiste en confiar en nosotros mismos; como padres, debemos ayudar a los pequeños a creer que vale la pena luchar por aquello que desean. De ahí la enorme importancia de las palabras que nos decimos a diario los unos a los otros, ya que cada comentario, cada gesto, tiene un gran impacto en nuestra autoestima. Una buena mirada y un abrazo pueden obrar milagros en la vida de nuestros hijos.

Ahora bien, es fundamental insistir en que existe una diferencia enorme entre felicitar a nuestro hijo por ser más espabilado, listo o rápido que otra persona, y felicitarle por su tesón, su constancia y su esfuerzo. Nuestro objetivo es que los niños se conviertan en la mejor versión de sí mismos, y eso se consigue al enseñarles a valorarse por lo que son y pueden llegar a ser por sí mismos, y no en comparación con nadie. Cuando se equivoquen, no hay que recriminar, excusar o etiquetarles, porque cuando actuamos así estamos enseñándoles que ellos «son así» y «no pueden cambiar». En realidad TODO SE EDUCA, y los problemas debemos afrontarlos de manera constructiva y descubrir entre todos cuál es la mejor solución posible. Es preferible ser recompensado por el esfuerzo que no felicitado por ser listo (o menospreciado por no serlo lo suficiente). Estas etiquetas influyen sobremanera en los niños y tienen repercusiones negativas en el aprendizaje. Como dice Carol Dweck, es mejor aprender de las equivocaciones que valorar únicamente a los que son brillantes de nacimiento, ya que el fracaso, la frustración y el aprendizaje siempre van de la mano.

Para ahondar en estas cuestiones recomiendo el siguiente vídeo: «¿Cooperar o competir?», en el que Alex Rovira habla de la importancia de cuidar a los demás así como apoyarlos positivamente, y explica qué es el Efecto Pigmalión.

<https://www.youtube.com/watch?v=JO1cwjfH2E4>.

Anécdota: la ilusión de un hijo

El pensador Carles Capdevila contó una anécdota que dice mucho de la sociedad en la que vivimos y del tipo de educación que estamos dando a nuestros hijos. Dos equipos de fútbol infantiles están compitiendo. Uno de los delanteros consigue marcar un gol en la portería contraria, y mientras están todos celebrándolo, él, su madre y sus compañeros, el árbitro da el gol por anulado. Entonces la madre salta al campo de juego hecha una furia, hasta el punto que entre Carles y otros padres se ven obligados a interceder para controlarla. Carles habla con ella y le pregunta que qué le pasa, que por qué es tan importante ese gol. La madre responde que a su hijo nadie le anula un gol. «¿Y cómo es eso?», pregunta Carles, y la madre responde que porque a él le hace ilusión.

Sin duda que la ilusión no es un motivo para dar por bueno o válido un gol. La validez de un pase, de un gol o de un resultado depende de las normas. Y sin embargo la madre de la anécdota actúa como si la realidad tuviera que adaptarse a los deseos de su hijo. ¿No debería ser al revés? Si nuestros hijos aprenden que la vida no siempre es de color de rosa, y que respetar las reglas es importante, estarán mejor preparados en la adolescencia y la vida adulta para sortear cualquier tipo de problema que surja. Cuando les ocultamos que la vida tiene momentos de todo tipo y que no siempre se puede triunfar, en realidad les estamos engañando.

Es más importante que se anule un gol y se rompa una ilusión, para conocer así el funcionamiento del mundo, que dar por bueno un gol inválido, que lo único que conseguirá es aliviar momentáneamente una frustración que, a la larga, será inevitable. Antes de pasar al siguiente capítulo, echémosle un ojo al decálogo del padre positivo según Patricia Ramírez. Resume perfectamente lo que hemos visto hasta ahora y representa la mar de bien nuestra filosofía.

DECÁLOGO DEL PADRE QUE SUMA

1. Recuerde los motivos por los que su hijo hace deporte. El principal es porque le gusta. Existen otros, como practicar una conducta sana, estar con amigos o socializar. El objetivo no es ganar.

2. Comparta los mismos valores que el club. Busque un centro deportivo afín a su filosofía de vida.

3. No dé órdenes. Solo apóyele, gane o pierda, juegue bien o cometa errores.

4. No le obligue a entrenar más, ni a hacer ejercicios al margen de sus entrenamientos. Su hijo no es una estrella, es un niño. Aunque tenga talento, puede que no quiera elegir el deporte como profesión y solo lo practique por diversión.

5. No presione, ni dé directrices, ni grite, ni increpe, ni maldiga; no haga gestos que demuestren a su hijo que se siente decepcionado por su juego.

6. Respete a todas las figuras que participan en la comunidad deportiva: entrenador, árbitros, otros técnicos, jardineros...

7. Controle sus emociones. No se puede verbalizar todo lo que pasa por la mente. Las personas educadas no muestran incontinencia verbal.

8. Nunca hable mal de sus compañeros. Los otros niños forman parte del equipo. El objetivo grupal siempre está por encima del individual. Y hablar mal de sus colegas es hablar mal de la gente con la que comparte valores, emociones y un proyecto común.

9. Modifique su manera de animar. No se trata de corregir al niño, sino de reforzarlo.

10. No inculque expectativas falsas a su chaval, como decirle que es un campeón, que es el mejor y que si se esfuerza podrá llegar donde quiera.

4

El futuro de nuestros hijos

El fútbol es como la vida: requiere perseverancia, abnegación, trabajo duro, dedicación y respeto por la autoridad.

VINCE LOMBARDI

MÁS ALLÁ DEL DEPORTE: LOS ESTUDIOS

Vale la pena recordar una de las máximas de este libro: la salud y la felicidad de nuestros hijos dependen del hábito de practicar deporte que adquieran, y lo importante es inculcarles el gusto desde pequeños y que se diviertan ejercitándose. Por eso los padres debemos convertir la actividad deportiva en una afición y un placer. Cualquier experiencia en todo ámbito de la vida se ve con mejores ojos si cuidas de tu cuerpo y mente. Al mismo tiempo, siempre les digo a mis hijos que lo primero son los estudios. Es importante mantener un equilibrio entre ambas facetas de la vida.

Luis Pasamontes trabaja con deportistas que se han retirado de la competición y que deben rediseñar su vida. Una de las preguntas que les formula es la siguiente: Cuando dejes de ser deportista y debas describirte en el perfil de Twitter, ¿qué palabra utilizarás? Es sorprendente la cantidad de atletas profesionales que, una vez fuera del deporte, no saben qué hacer, porque no se han planteado nunca su identidad ni su futuro profesional después de haberse retirado.

Podemos proteger a nuestros hijos de esta caída en el vacío, y una de las maneras es bien simple (y por fortuna muchos la cumplimos ya a rajatabla): hay que estudiar. En primer lugar, porque los estudios te abren muchas puertas. Pero existe una dimensión más importante si cabe: debemos incentivar el desarrollo de aficiones y talentos diversos en nuestros hijos, animarles a investigar, a leer, a tener curiosidad. La cuestión ya no consiste únicamente en adaptarse a un mundo laboral cambiante y competitivo, sino tener una vida interior rica, conocerse a uno mismo y también al mundo, saber y entender lo máximo posible. Una persona que se informa y aprende con constancia es capaz de superar mejor los escollos de la vida y se adapta a las nuevas situaciones con mayor comodidad. Si tan solo nos centramos en una dimensión de la existencia, nos estamos perdiendo muchas cosas, y ese vacío de intereses y aficiones se transforma en un grave problema para aquellos que solo se han dedicado al deporte.

Por otro lado, llegar a convertirse en un deportista de élite es tanto una cuestión de capacidad como de mucha suerte, y a veces la ilusión de que nuestro hijo se gane la vida como atleta olímpico o profesional hace que perdamos el mundo de vista. Jesús Ruiz y Ernesto Mañanes, desde sus respectivas experiencias, saben que una cosa es lo que queremos y otra, la realidad, y ambos trabajan con ahínco para que todos los niños que pasan por su club disfruten con la actividad deportiva, independientemente de si se convierten en deportistas profesionales o no. Su principal objetivo es proponer un estilo de vida saludable, y lo cierto es que la mayoría de sus ciclistas, cuando son adultos, conservan ese espíritu responsable, autónomo y luchador que caracteriza al club.

Los padres velamos por el bienestar de los chavales. Nuestros niños deben vivir, experimentar y aprender muchas cosas para poder escoger bien su futuro, y para ello es necesario que estudien y que aprendan. Durante ese proceso, los padres debemos estar ahí para orientarlos y ayudarlos a escoger bien.

Orientar a nuestros hijos

A mi hijo le gustaría trabajar con chicos con problemas, por lo tanto quiere ser psicólogo, y, además, ciclista profesional. Yo le dejo muy claro que el estudio es lo primero. Ahora bien, si tienes aptitudes para dedicarte profesionalmente al deporte, llega un momento en que para salir adelante has de dedicar muchas horas a los entrenamientos y eso roba tiempo de estudios. De modo que debes estar acostumbrado a gestionar el tiempo, para que puedas llegar a realizar todo lo que te propongas, según tus necesidades, y sabiendo que debes estar dispuesto a esforzarte. Hay ciclistas que son ingenieros, los hay médicos... Lo básico es tener las prioridades claras y pensar a largo plazo y con sentido común. Si los niños crecen con unos hábitos definidos y asentados, no importa en realidad a qué se dediquen en el futuro porque podrán trabajárselo, independientemente de si están interesados en el deporte u otra profesión. Es muy recomendable destinar una hora de estudio fija, igual que se tienen horas de entreno fijas, para que los niños se acostumbren a dedicar a cada cosa el tiempo necesario.

De adulto, si un deportista de élite cuenta con las capacidades, entrena muchas horas y, además, tiene la ilusión —él, que no sus padres—, debemos apoyarle, y que se inscriba en una o dos asignaturas. En cambio, cuando son pequeños, hay que enseñarles a compaginar. Hay chavales de catorce años que entrenan tres o cuatro horas diarias, y evidentemente van en bici de maravilla, pero estudian muy poco. Debemos tener presente que el esfuerzo y la dedicación no siempre te permiten llegar a niveles profesionales del deporte: el entrenamiento, el compromiso, la responsabilidad y los valores son esenciales, sí, pero también influyen otras causas, como que hay que tener condiciones, el factor suerte o que estés en el lugar adecuado en el momento justo para que seas elegido. Al final solo llegan cuatro, y hay que estar preparado para salir adelante si el deporte no te funciona (o cuando ya eres demasiado mayor para el deporte profesional y tienes que reinventarte). De jóvenes lo principal son los estudios. Y, en cualquier caso, lo preferible es optar por una educación integral.

REPARTIENDO PAPELES. TODOS EDUCAMOS

Una de mis frases de cabecera dice que «Para educar es necesaria toda la tribu». En la tribu se incluye a los padres y a los familiares directos, por supuesto, y también a los educadores y los profesores en el colegio. Y aún debemos añadir a otras personas en esta tarea tan importante: los entrenadores, los árbitros y los responsables de los clubes. Los deportistas a los que hemos entrevistado coinciden en que un buen entrenador es aquel que educa en valores y en buenos hábitos. A nivel general, por algún motivo que desconozco, no suele pensarse en las actividades extraescolares como una fuente de educación y de formación personal. Y, como dice Josemi en su entrevista, cualquier actividad extraescolar es una buena oportunidad para enseñar, aprender y crecer.

Y entonces nos preguntamos: ¿Qué debemos tener en cuenta para sacar el máximo provecho educativo de las actividades extraescolares de los chicos? Los puntos siguientes nos servirán de resumen:

- Los chicos deben divertirse. Una frase latina ilustra muy bien este punto: *Dulce et utile*, «Dulce y útil». Así aprendemos sin darnos cuenta, y la neurobiología ya ha demostrado que el placer es buen acicate para seguir aprendiendo.

- Los padres debemos permitir que los chicos aprendan. Zapatero a tus zapatos, solemos decir. Dejemos que el entrenador gestione técnica, corporal y emocionalmente el entrenamiento de nuestros hijos, y que el árbitro gestione, de la manera más conveniente, el partido, la carrera o el ejercicio que corresponda.

- Los educadores deben cumplir con su papel. Un buen entrenador, y de eso hablaremos a continuación, sabe qué necesitan los chicos para sacar lo mejor de sí mismos. Y a veces lo mejor para ellos es disfrutar del juego, pasárselo bien y engancharse al

En su entrevista, Pedro García Aguado explica que a su hija le gusta montar a caballo y que en la hípica le enseñan, sobre todo, a cuidar al animal, a limpiarlo, a colocar bien la montura. Se establece una relación con el caballo que enseña muchas cosas sobre la vida, hábitos positivos sobre cómo cuidar, mimar y querer. Todo eso constituye un aprendizaje mucho más importante, a la larga, que ganar una carrera. Antes hemos hablado de la dimensión transformadora del deporte, también con relación a los animales y al entorno. Los chicos bien educados son aquellos conscientes de su entorno y de las necesidades propias y ajenas.

deporte, con el objetivo de que sigan practicándolo toda la vida.

ENCONTRAR TU CLUB

Seguir de cerca la inauguración de la escuela de ciclismo Purito, en Andorra, me ha permitido analizar de cerca en qué consiste fundar un club, y como dice Joaquim Rodríguez «Purito» en su entrevista, un club es más que un conjunto de deportistas que se entrenan y compiten juntos. Se trata, sobre todo, de una familia, y como padres tenemos el deber de apuntar a nuestros hijos al club que mejor se adapte a los valores familiares. ¿Cómo podemos saber cuál es el espíritu de un club? Siempre tenemos la opción de informarnos sobre el ideario de la institución, y preguntar a sus secretarios y dirigentes cuáles son sus objetivos y de qué manera enfocan la formación de los jóvenes deportistas. Debemos considerar los clubes como otra escuela, e igual que pensamos con detenimiento a qué colegio llevar a nuestros hijos, debemos tomar cuidadosamente la decisión cuando se trata de actividades deportivas.

Es la mejor manera de evitar conflictos en el futuro, por ejemplo con el entrenador, o con la gestión del centro, cuando descubrimos de repente que el club o el sistema de enseñanza no se parece en nada al que nosotros querríamos. Si hacemos los deberes nos ahorramos esas sorpresas desagradables. Además, la sensación de descubrir algo que no nos gusta suele provocar inseguridad y desconfianza en muchos padres, y entonces es cuando empiezan los malentendidos, los gritos y las discusiones enfrente de los pequeños, que seguramente apenas pueden entender qué pasa (pero que entienden perfectamente que sus principales modelos no se ponen de acuerdo).

Ceñirnos a nuestro papel de padres, y animar y apoyar desde las gradas, es mucho más fácil cuando confiamos en los entrenadores y el equipo técnico. No dejemos esa tranquilidad en manos del azar o la providencia. La confianza, como todo en esta vida, se trabaja. Es importante tener en cuenta que deberíamos involucrarnos más en el club.

Porque, repetimos: la tribu somos todos. Y el club, o la escuela de deporte, forman parte del círculo. Estudiemos atentamente en qué manos estamos dejando a nuestros hijos.

TIPOS DE ENTRENADORES

Ya hemos visto cómo el deporte, y la educación, son ámbitos muy ricos en los que debemos estar pendientes de muchas cosas a la vez. Algunos padres y madres se centran en unos aspectos determinados y descuidan los otros, como por ejemplo, cuando se centran solo en el éxito académico o deportivo y se olvidan del factor educativo, o de la diversión. Podemos describir algunos tipos de entrenadores según aquellos aspectos en los que se focalizan. Una vez que seamos capaces de distinguirlos, será más fácil saber qué prototipo queremos para nuestro hijo, o cuál es el que le podrá ayudar mejor a conseguir sus metas.

El que solo quiere a los buenos: Es ese entrenador que solo está interesado en el éxito de sus deportistas. Eso significa que únicamente le interesan los deportistas **exitosos,** los que consiguen medallas y se suben al podio. Cualquier aficionado al deporte, o cualquier profesional, se habrá topado con entrenadores que solo tenían ojos para él o ella cuando ganaba una carrera u obtenía el mejor resultado. ¿Qué ocurre si no tienes éxito? Eres invisible para ellos. El proceso de aprendizaje y sociabilización queda en segundo plano; solamente existen los resultados excelentes y los deportistas que los consiguen. Este tipo de entrenador suele ser muy exigente a la hora de escoger qué deportistas entrena, y muy poco sensible a las necesidades personales. Para él, el deporte es cuestión de ganar. sí: ÉXITO; no: APRENDIZAJE, DIVERSIÓN, CUIDADO, TÉCNICA.

El que solo se preocupa por la técnica: Algunos entrenadores tienen una idea muy clara de qué es un deporte bien ejecutado. No les interesa mucho el éxito porque saben que en la competición o el aprendizaje intervienen muchos factores que no siempre se pueden controlar (el tiempo, el estado de ánimo, las ganas de superarse), pero en cambio confían mucho en el poder del perfeccionamiento técnico. Su concepción del deporte es muy precisa en cuanto a movimientos, tiempos y hábitos, y le prestan menos atención a cuestiones como la diversión, el bienestar o el aprendizaje. Digamos que el deporte se reduce a sus dimensiones físicas y motrices, lo cual permite desarrollar en profundidad algunas capacidades importantes, a la vez que exige un esfuerzo mental y emocional considerable para reprimir sensaciones e ignorar experiencias que podrían ser relevantes. SÍ: TÉCNICA; NO: APRENDIZAJE, DIVERSIÓN, CUIDADO, ÉXITO.

El mentor deportivo: Ernesto Mañanes y Jesús Ruiz, en su entrevista, recuperan una idea que me parece muy pertinente, y es la del entrenador que sabe que está entrenando a personas, con sus particularidades, emociones, problemas y procesos de aprendizaje individuales. No reduce el deporte ni a los logros ni a la perfección técnica, sino que considera que la actividad deportiva puede significar cosas diferentes para personas distintas, y que, cuando hablamos de niños, el ejercicio físico es ante todo fuente de salud, diversión y aprendizaje. El mentor deportivo suele prestar atención a las dinámicas de grupo que se establecen entre aquellos deportistas que tiene a su cargo para fomentar el buen ambiente y el respeto. Le preocupa el crecimiento integral de los chavales. Los considera, como hemos dicho, personas completas y complejas, que crecen en una sociedad y un entorno del que participan como ciudadanos. Se ocupa de enseñar modales, buenos hábitos y de formar en competencias que están más allá de lo deportivo. Resume, en definitiva, una de las frases principales del libro: Todos educamos, y cada ocasión es buena para enseñar algo bueno a nuestros pequeños.

Francisco Castaño @Francasta · 27/6/17

Enseñemos a los niños a superarse a ellos mismos, no a superar a los demás. Les ayudará a dar lo máximo y a sentirse emocionalmente bien.

♡   ↻5   ♡11   ılı

SEGUNDA PARTE

Educar en el deporte, en casa, en sociedad

5

Enseñar buenos hábitos

Mi hijo Isma había empezado a montar en bici con pedales automáticos que requieren también de unas zapatillas específicas. Un día, cuando lo llevaba al entrenamiento, me fijé en que cogía el casco y otros materiales pero no las zapatillas. Me di cuenta de eso, pero no le dije nada. Cuando llegamos al club, Isma descubrió que le faltaba el calzado y me pidió que lo llevara a casa. Le dije que no, que entre casa y el club hay nueve kilómetros y que era su responsabilidad no olvidarse de las zapatillas.

Isma fue a hablar con el entrenador para ver si le permitía participar en el entrenamiento de ese día. Este le dijo que podía calentar con los otros chicos, pero cuando comenzaran a hacer habilidad con las bicis, ya no podría acompañarles, porque ir sin el calzado es peligroso: se te pueden salir los pies de los pedales y te puedes caer. Ese día vimos cómo entrenaban los demás desde la valla. Isma estaba enfadado y, al cabo de unos minutos, nos fuimos. En ningún momento me molesté con mi hijo, pero tampoco fui a buscar sus zapatillas. Desde entonces ¿sabes cuántas veces olvidó las zapatillas? Ninguna. Si metemos todos los materiales necesarios en la bolsa, si somos nosotros quienes se los ponemos, es cierto que nuestro hijo los llevará, pero nunca aprenderá a cogerlos por él mismo.

A partir de ese día, Isma diseñó una estrategia para no olvidarse las cosas. Antes las dejaba guardadas en el armario, cada objeto en un cajón diferente. Desde aquel día, aprendió a colocar todos los materiales (casco, guantes, zapatillas, gafas) en un mismo lugar. Así cuando sale a entrenar solo necesita ir a un sitio y encuentra todo a mano.

ENSEÑAR A CUIDARSE

A continuación incluimos un correo electrónico que envió Ernesto Mañanes a sus chicos ciclistas para aconsejarles cómo debían prepararse para un evento deportivo importante. Puede aplicarse a todo tipo de actividad al aire libre en épocas de mucho calor o de pleno sol.

¡En previsión de que vayáis esta semana a la prueba, os paso unos consejos muy importantes a todos, para que podáis hacerlo de la mejor manera posible.

El sábado previsiblemente hará MUCHÍSIMO CALOR.

Quiero que bebáis agua durante toda la semana. Y en buena cantidad. Hay que beber mucho. Tomar como referencia el momento en que vayáis al baño: el color de la orina es indicador del nivel de hidratación; cuanto más clara, mejor hidratados.

Descansar: Descansad todo lo que podáis. Necesitaréis las fuerzas para el sábado. Eso incluye la verbena. Hay una incompatibilidad absoluta entre celebrar la verbena hasta la madrugada y participar en la prueba al día siguiente. Acostaos temprano y descansad mucho.

Comer: Hay que alimentarse bien toda la semana. Y el día de la prueba levantaos temprano, desayunad bien, y después, para comer, podéis tomar arroz blanco con un poco de carne, algo de ensalada sin aliñar (para que no se os repita) y fruta. Id comiendo fruta poco a poco durante la tarde, para evitar la desagradable sensación de hambre (además, participaréis bastante tarde).

Tened en cuenta que esta prueba es especial por el horario y por las condiciones ambientales (muuucho calor, excesivo), así que hay que hacer las cosas con más cuidado del acostumbrado.

Francisco Castaño @Francasta · 27/6/17
Que los niños hagan deporte ayuda a que aprendan a organizarse y a distribuir su tiempo. Pero no olvidemos que no son profesionales.

♡ 1   ⟲ 48   ♡ 81   ᵢlᵢ

RESPETAR AL RIVAL

Los chicos de entre trece y catorce años se preparan para competir en una carrera. Ríen entre sí, nerviosos; saludan a sus padres y vigilan que esté todo listo. Se acerca el momento decisivo y cada uno, en silencio y concentrado, se coloca en su posición. Finalmente se oye un silbato. Los chicos empiezan a correr. El delegado de la federación y a su vez entrenador de un club observa a los deportistas con atención, mientras toma nota de cómo se está desarrollando la carrera. Familias y entrenadores empiezan a moverse para dirigirse a diferentes puntos del circuito y así observar mejor la carrera. Sin embargo, a pocos metros de la salida, cuando apenas han transcurrido unos minutos desde el inicio de la carrera, el pelotón se enfrenta a una curva estrecha en la que es difícil que puedan pasar todos a la vez. Uno de los ciclistas golpea con su rueda trasera la bicicleta de uno de los compañeros de equipo, que se asusta, está a punto de caer y lo insulta. El otro chico, nervioso también y al tiempo que lucha por enderezar su bici y recuperar el ritmo, le insulta por lo bajo. A todo eso, un tercer y un cuarto chico intentan adelantar a sus compañeros. Con esa maniobra solo consiguen que la curva, ya de por sí estrecha y complicada, se llene aún más. Los cuatro empiezan a forcejear, a pesar de pertenecer todos al mismo equipo. Al final los gritos y los insultos se hacen tan evidentes que el delegado decide plantarse ante el pelotón y pedirles que se detengan. El resto de los ciclistas aprietan el freno y escuchan cómo los cuatro implicados se echan la culpa unos a otros.

El delegado eleva la voz por encima del barullo. Los ciclistas escuchan al tiempo que las familias se quedan expectantes. «No puedo creer lo que acabo de ver. ¿Sois conscientes de lo que estáis haciendo? Estáis echando por la borda todo lo que se os enseña en vuestros clubes. Para competir es necesario respetar a los compañeros igual que se respetan las señales de la carretera. Competir sin tener en cuenta las reglas de comportamiento no tiene ningún sentido, ninguno en absoluto. ¡Qué vergüenza que actuéis así enfrente de vuestras familias! Lo primero que se os repite cada día es la palabra RESPETO. Gritaros e insultaros entre compañeros es lo más ruin que puede hacer un ciclista. Ahora volveremos a empezar la carrera. Si alguno de vosotros vuelve a reaccionar como un salvaje, cancelaremos la competición y nos iremos todos para casa. ¿Queda claro?»

Todos los ciclistas asintieron sin agregar ni una palabra. Mientras los deportistas regresaban a sus sitios, uno de los padres se acercó al delegado y le agradeció su gesto. «Es la primera vez que veo que un responsable detiene una carrera para recordar que somos personas y que lo importante es convivir.» «Esa es la filosofía de nuestro club y supongo que la de todos —respondió el delegado—, y es lo mejor que podemos enseñarles a los chavales. Hay cosas más importantes que llegar primero a la meta.»

TRABAJAR LA PACIENCIA

Un niño acaba de apuntarse por primera vez a clases de pimpón. Está nervioso porque cada vez que, cuando estaban de vacaciones, había jugado una partida con los padres había demostrado tener talento para este deporte. Se despide de su padre diciéndole que quiere ser de los mejores del grupo para que tanto él como su madre se sientan orgullosos. Su padre entonces lo detiene un momento y, antes de que desaparezca por la puerta, se arrodilla frente a él para decirle: «Lo importante es que te lo pases bien. Estaremos orgullosos de ti siempre, hagas lo que hagas».

Por la noche están cenando en casa el padre, la madre y el hijo, y los adultos le preguntan qué tal se lo pasó el primer día de pimpón. El pequeño responde que lo hizo lo mejor posible pero que no disfrutó del todo porque al final de la clase hicieron un minitorneo y quedó de los últimos. Entonces la madre repite que lo único que de verdad importa es pasarlo bien jugando y conociendo a los otros chicos. «¿Son divertidos los compañeros?» «Sí, hacen muchas bromas.» «Eso está bien —responde el padre—, pero siempre haced caso al entrenador.» Los padres explican al niño que es difícil que se convierta en el mejor de la clase. Quizá alguno de los niños lleva ya años practicando, y los habrá que tengan mejores habilidades que él. Sin embargo, el chico puede intentar, a final de curso, y después de varios meses de entrenamiento, quedar en la mitad superior de la clasificación.

Pasan las semanas. El chico a veces se desanima porque varios de los compañeros son mejores que él. Sin embargo, como practica también con su padre y con otros amigos, acaba desarrollando unas habilidades que le permiten salir ganador en algunas competiciones. Los padres jamás le preguntan por los resultados, pues les interesa que el chico se divierta y aprenda. A final de curso, los padres se acercan al entrenador y le preguntan cómo ve al chico. «Es de los que más se ha esforzado. Se nota que quiere aprender y que disfruta jugando.» Horas después, se alegran al enterarse de que su hijo ha quedado entre los ocho primeros (de quince) en el torneo final. Y la mejor recompensa consiste en ver los ojos brillantes del chico cuando ha cumplido su objetivo.

6

Educar en casa

Aprenda a amar sus derrotas, pues son las que le construirán.

JOËL DICKER

ENTRE WALT DISNEY Y *THE WALKING DEAD*

Si eres padre o madre, o si te dedicas profesionalmente a la educación, estarás acostumbrado a contar cuentos. Por eso mismo sabrás que narrar una buena historia es todo un arte: se necesita paciencia, cariño y claridad.

La educación también es un arte. No solo eso: hacerlo bien está al alcance de todo el mundo. Existe un montón de trucos fáciles para educar a los niños y niñas desde que son pequeños, pues, en realidad, con la educación pasa lo mismo que con la bici: una vez has aprendido cómo funciona, lo único que necesitas es seguir practicando. Claro, ¡para eso hay que haberse subido (y caído) al menos unas cuantas veces! Si guardamos la bicicleta en una esquina del garaje, no nos convertiremos en expertos ciclistas.

Por esa misma regla de tres, tener un hijo no nos convierte en padres experimentados ni en perfectos educadores. Debemos formarnos para educar y emplearnos al cien por cien para hacerlo lo mejor posible o al menos que la forma en que lo hagamos nos dé el resultado que esperábamos.

Con todo, hoy es difícil pensar en «educación» tal y como lo hacíamos antes. No hace mucho, los métodos de enseñanza y aprendizaje eran muy rígidos. Nos repetían que la letra con sangre entra, y uno trataba a los profesores y a los padres con un respeto enorme. Tanto el sistema educativo como las relaciones entre menores y adultos eran muy estrictos. ¡Y pobre de aquel que se saliera de la norma o que no se esforzara!, porque probablemente le caería una buena. Desde hace unos años el panorama ha cambiado radicalmente. Nos codeamos con los profesores, las normas son más laxas y los chicos son más conscientes de sus derechos que de sus obligaciones.

Podemos decir que en la educación de hoy en día priman la sobreprotección y la sobreabundancia. O, como suelo decir, se educa a los hijos como si la vida fuese Walt Disney. Los padres damos a nuestros hijos todo lo que nos piden; nos cuesta decir «no» o, si lo decimos, después no somos consecuentes o no nos mantenemos firmes. Entre los múltiples motivos por los que eso ocurre destaca el miedo a que nuestros pequeños se frustren o traumaticen, porque no reconocemos ante ellos que la vida es, ya de por sí, una excelente escuela de frustración. Queremos proteger tanto a los chavales que cuando sean mayores no sabrán gestionar bien sus sentimientos ni estarán preparados para luchar contra las adversidades.

Lo curioso es que muchas veces no somos conscientes de ello. Nos dejamos dominar por las emociones («No quiero que le pase nada», «No quiero que sufra», «No quiero que espere»), y nuestros hijos, muy espabilados, saben aprovechar estas situaciones para salirse con la suya. Consiguen todo lo que quieren. Los padres dan la espalda a profesores y entrenadores para proteger a los chicos, de manera que, al final, se produce un desbarajuste educativo importantísimo: los niños no se acostumbran a la autoridad (no confundir con autoritarismo); no adquieren hábitos saludables, y pierden la oportunidad de demostrarse a sí mismos de qué son capaces.

Si los padres les damos todo lo que desean, y si titubeamos a la hora de inculcar normas y reglas, los chicos se aprovechan de la situación y acaban actuando como si no existieran límites. Más adelante hablaremos de cómo conseguir que estas reglas se apliquen para que los hijos las cumplan. Hay un proverbio africano que dice que para educar a un niño hace falta la tribu entera. En nuestra sociedad, esta educación recayó en el colegio, el club deportivo o en la calle, pero podemos decir que en casa se construyen los cimientos, la base principal. Una buena educación ayuda a los niños a enfrentarse a las dificultades; previene el fracaso escolar; les enseña a tomar decisiones correctas ante conductas de riesgo como el consumo de drogas, y evita el mal comportamiento. Cuando aparece alguno de estos síntomas en un niño o adolescente, es muy probable que su origen provenga de algún aspecto de su educación.

Otro factor que influye negativamente en la maduración del niño es el derivado de la sociedad del bienestar en que vivimos. Pueden tenerlo todo y, además, es fácil de conseguir. Este hecho tiene muchas consecuencias negativas, tanto para las familias como para las instituciones y los niños. Resumámoslo de manera muy simple, les estamos acostumbrando a no esforzarse, a no tener que luchar por nada, a depender siempre de nosotros, y eso significa que no les preparamos para el día de mañana, cuando ya serán mayores y deberán enfrentarse al mundo.

Para cuando eso ocurra, no se encontrarán con divertidos animales parlanchines, como en las películas de Walt Disney, sino que descubrirán que la vida se parece a la serie *The Walking Dead*. Y la experiencia no será nada divertida, porque tendrán que enfrentarse a problemas que no solo no sabrán resolver, sino ante los cuales se sentirán frustrados porque los supera. Además, en estas situaciones, culpabilizan a los padres. Ante este panorama, hemos de pensar y darnos cuenta de que en sus primeros años de formación deben tener conocimiento sobre cómo es la vida real: un lugar en el que a veces se gana, a veces se pierde, en el que hay que esforzarse mucho para conseguir la vida que quieres, pero en la que además cada uno tiene que construir su propia felicidad.

Francisco Castaño @Francasta · 6/6/17
Uno de los factores más importantes de que haya tanto fracaso escolar es la falta de esfuerzo. Tenemos que enseñárselo a nuestros hijos

♡ 3   ↻ 21   ♡ 28   ⅈⅼⅼ

Con frecuencia se repite una frase que resume en gran parte nuestra sociedad: estamos engañando a nuestros hijos. No les enseñamos cómo funcionará la vida cuando sean mayores. La sobreprotección les oculta hasta demasiado tarde que habrá cosas que no les salgan bien, que no siempre conseguirán lo que quieren, y que cuando sufran un revés han de aprender a superarlo. Eso es lo más importante: tienen que aprender a disfrutar de todas las cosas agradables y positivas de la vida. Porque la frustración se experimenta, sí, pero lo fundamental es saber gestionarla.

Recordemos que educar a un hijo significa enseñarle a valerse por sí mismo. Si a un chaval se lo das todo hecho y masticado no aprenderá a actuar sin nuestra ayuda, cosa que se transformará en un problema cuando crezca, y para cuando alcance la madurez te dirá que ya no necesita apoyo. Es preferible que un día no lleve los deberes al cole y así aprenda cuáles son las consecuencias de no cumplir con sus obligaciones, a que se los hagamos nosotros. Quizá ahora le estamos echando una mano para salir del paso, pero la próxima vez volverá a olvidarse de hacer los deberes, porque no está aprendiendo a responsabilizarse de sus tareas.

José Antonio Marina escribió que el niño progresa

cuando es capaz de realizar por sí mismo las tareas de apoyo que antes hacían sus padres. Existe un concepto muy claro en este sentido: la «zona de desarrollo próximo». Se trata de aquellas actividades mentales que el niño puede realizar solo y que limitan con aquellas que puede realizar con la guía de un adulto. Con pequeños gestos podemos ayudarles a descubrir cuántas cosas pueden y deben hacer por sí mismos. Si yo se lo soluciono todo para que no tenga problemas, o para que no llore, él nunca aprenderá. Y más adelante, cuando no pueda resolver un conflicto, me culpará a mí por no haberle enseñado a salir adelante.

EDUCAR A NIÑOS AUTÓNOMOS

Partimos de la base de que debemos enseñar a nuestros hijos a ser responsables de sí mismos en aspectos fundamentales como la limpieza y el orden, y tenemos que hacerlo inculcándoles pequeños hábitos acordes con su edad. Durante la infancia resulta más sencillo que en la etapa adulta, ya que el cerebro infantil, en constante proceso de maduración, es capaz de asimilar con rapidez nuevas conductas y hábitos. Es útil recordar la diferencia entre «áreas de conocimiento perceptivo» y «áreas límbicas». Los educadores queremos que los hijos asimilen ciertas conductas y que actúen acorde a ellas, es decir, que «vivan» los valores y los hábitos (respeto, gratitud, obediencia, responsabilidad) como quien conduce. De eso se encargan las áreas límbicas, que son las que contienen la personalidad, entre otros muchos elementos.

Pero para que los pequeños puedan llegar a actuar de forma automática según ciertas costumbres es necesario habituarlos, y de eso se encargan las «áreas de conocimiento preceptivo». Por ejemplo: regresamos del colegio. Después de merendar, explicamos al chaval que hay que dejar la ropa sucia en el cesto y le enseñamos dónde está. Las zapatillas se dejan en tal sitio. La bolsa, en ese rincón. Cada día, desde pequeños, los acompañamos, y actuamos así poco a poco hasta que adquieren el hábito. Entonces podemos ayudarles a hacer memoria: ¿Te acuerdas de dónde se dejaba la ropa sucia? ¿Y las zapatillas? Es importante que las normas sean claras y concisas. Si a un niño pequeño le hablas de «ordenar su cuarto» en general, no te entiende. Resulta mucho más fácil referirse a cosas concretas: dónde van las botas de deporte, dónde la ropa sucia, dónde el pijama... Al quinto o al sexto día, lo hará.

Claro, habrá niños que sean más ordenados y otros que lo sean menos. Pongamos el caso de que nuestra hija regresa de las clases de ballet, deja la ropa sucia tirada encima de la cama y se pone a hacer deberes o a *wasapear* con el móvil. Un padre o una madre, después de decirle repetidas veces que recoja la ropa sin conseguir que lo haga y viendo el montón de prendas, quizá recoja todo y lo ponga a lavar, porque de lo contrario el próximo día de baile no tendrá ropa limpia. En ese caso yo recomendaría que no se la recojáis: que la niña vaya con la ropa sucia un día. Probablemente entrenará ese día con la ropa sucia y nunca más, porque para la clase siguiente ya se ocupará ella misma de ponerla a lavar. Si vamos siempre detrás de nuestros hijos arreglando sus cosas, actuarán como si hacerlo fuera nuestra responsabilidad, cuando en realidad se trata de su ropa, además de educarlos para que sean responsables de sí mismos. Además, el día que no lo hagamos, se enfadarán con nosotros por no haber hecho algo que, en realidad, es responsabilidad de ellos.

> Ya hay colegios que animan a los padres a no proteger a sus hijos de los errores y la frustración. Una madre nos cuenta cómo lo hace una escuela de Estados Unidos. Da que pensar: <http://www.elmundo.es/vida-sana/2016/09/13/57c825582 2601d8c758b4625.html>.

Unos padres me explicaron que su hijo, de diez años de edad, quería ir de campamento con el colegio, y aunque solo faltaban cuatro semanas para la salida, aún no habían tomado ninguna decisión. Los padres estaban visiblemente preocupados, así que quise saber el motivo de sus inquietudes. Me explicaron que su hijo iría con los niños de su clase, con monitores formados para hacer unas actividades, siempre con la supervisión de la tutora. Y la madre, que hacía rato que se aguantaba, me dijo: «No sabemos si está preparado para ir de campamento». Y el padre añadió: «¿Crees que está preparado?». Después de conocer las condiciones del viaje, y viendo que al fin y al cabo no era más que una salida escolar, les dije: «Si no está preparado ahora, lo estará cuando regrese. Vuestro hijo aprenderá un montón de cosas y después os estará muy agradecido. Es un paso importante para ser un poco más autónomo».

Moraleja: Para que nuestros hijos sean adultos autónomos, responsables y seguros, debemos escoger qué tipo de historia les contamos sobre el mundo, si una de Walt Disney o *The Walking Dead*. Quizá ninguno de los dos extremos es bueno y en el punto medio esté la virtud. Sea como sea, la educación que les demos es importantísima, porque de ella depende la felicidad futura de nuestros hijos.

Niños seguros, responsables y con valores

Francisco Castaño @Francasta · 26/6/17
Las cosas no nos salen bien a la primera. No nos hemos de rendir, sino insistir. Se llama perseverar. Para los hijos también es necesario.

♡   ↻5   ♡13   ⠿

Se suele decir que los jóvenes carecen de valores, pero sí que los tienen, lo que ocurre es que son diferentes a los tradicionales. Para ellos el hecho de que una foto subida a internet tenga muchos «me gusta» o la cantidad de seguidores de una red social es muy importante. Pero estos valores no tienen por qué estar reñidos con los de antes, aunque no nos referimos precisamente a la parte estricta y autoritaria, aquella de la que queríamos huir a toda costa, sino a la cultura del esfuerzo. Para los padres es complicado ya que, en la actualidad, se suelen buscar resultados inmediatos: pagamos el último *smartphone*, compramos la ropa de moda, conseguimos ese champú que anuncian en la tele... Las obligaciones de antes, en las que tanto insistían nuestros padres y maestros, se han convertido en la agradabilísima libertad de poder tenerlo TODO. Eso significa que, en más ocasiones de las que desearíamos, los padres nos preocupamos por su bienestar inmediato (no queremos que sufran, ni que los castiguen), y nos aseguramos de que no les falte de nada. Nos tenemos que fijar objetivos en la educación de nuestros hijos, por ejemplo: que sean buenas personas o que puedan encontrar un buen trabajo más adelante. Sean cuales sean los de cada familia, no nos podemos fijar los objetivos del tipo: alcanzar el éxito rápido y sin esfuerzo. Si lo hacemos así, nos debemos hacer esta pregunta: ¿Sabrán luchar por sus necesidades en el futuro?

No hace falta irse tan lejos. ¿Cómo reaccionan ahora cuando las cosas no les salen bien, o cuando no pueden tener lo que quieren? Pues del modo que ya sabemos: rabietas, pataleos, broncas... Si los niños no aprenden a esperar, a esforzarse por lo que quieren y a aceptar que no siempre lo lograrán todo, después tendrán dificultades para gestionar sus necesidades en el futuro. Recientemente se ha hablado del fenómeno de los niños tiranos, o síndrome del niño emperador, concepto que se refiere a aquellos chavales que son capaces de manipular y someter a sus padres porque están acostumbrados a recibirlo todo hecho.

Educar no es lo mismo que «evitarnos rabietas» de nuestros hijos. Darle un juguete «para que se calle» o permitirle que juegue con la tableta «porque de lo contrario no come» está demostradísimo que no es una táctica que funcione. Al contrario, es probable que se trate de la manera de que nuestro hijo presente problemas de comportamiento en el futuro. Lo importante, siempre, es guiar a los niños en su crecimiento, y para eso necesitamos marcar lí-

Luis Pasamontes cuenta en la entrevista cómo luchó para ser ciclista profesional. Empezando por el hecho de que en su pueblo no había club ciclista y que jamás había sido un amante de la bici, ya se imaginaba que tendría que esforzarse muchísimo para poder pertenecer a un equipo de categoría profesional. Los sacrificios no tardaron en llegar: viajó un montón, madrugó cada fin de semana, su hora de acostarse era mucho antes que la sus amigos... y todo eso sin que a nadie de su casa le gustara el ciclismo o le forzara a hacerlo.

Cuando su madre le veía llegar a casa desde la ventana, magullado y sin la bici, entendía que seguramente se había caído a media carrera. Entonces le decía que si se cansaba o se hartaba podía dejar el ciclismo tranquilamente. Nadie le obligaba a competir. Pero Luis quería perseverar, y lo logró. Pronto se codeó con los mejores ciclistas de mundo.

mites, normas claras, mostrar mucha seguridad en nuestra tarea, inculcar valores y ofrecer montones de amor. Recordemos que la familia es el eje de la vida de los niños. Sea cual sea la estructura familiar, con independencia de si está formada por dos, cuatro o siete miembros, en casa es donde los niños crean sus primeros vínculos, donde reciben afecto, donde aprenden a cuidarse, a conocer y explorar, a relacionarse con otras personas y con el mundo... En casa obtienen las herramientas que después necesitarán y desarrollarán fuera de esta.

Lo ideal para que un niño sea bien educado es ir dando pasos con el fin de que cuando crezca sea una persona tranquila y contenta, que se conoce a sí mismo, sabe respetar los límites y las normas, sabe cómo reaccionar ante los problemas, puede gestionar sus emociones, cumple con sus deberes y tiene valores positivos. En otras palabras, debemos procurar que se convierta en un adulto capaz de adaptarse a las circunstancias y de esforzarse por alcanzar sus objetivos. En los capítulos siguientes veremos de qué manera podemos trabajar estos valores en casa. Si, por el contrario, nuestro hijo lo pide todo a gritos, no se comporta como debe o le cuesta aceptar sus errores, nos está informando de que es necesario tomar alguna medida. En estos casos, y salvo que sufra alguna psicopatología, el problema suele estar en la forma en que se les ha educado. Los padres lo han hecho como mejor han sabido y con la mejor intención, pero el resultado no es el que esperaban. Entonces habría de cambiarse el modo de hacerlo, y para esto hay que formarse y aprender otras maneras. ¿Cómo son los chicos que han recibido una educación inadecuada? **Inseguros**, con una **autoestima baja**, muy **impulsivos**, incapaces de afrontar los retos que les propone el mundo, a veces apáticos, incluso victimistas, además de que, en ocasiones, pueden reaccionar de forma violenta. Es en casa donde tienen que aprender a quererse a sí mismos, a dominar la gestión de las emociones y la frustración, y a poder sentirse seguros de luchar por conseguir lo que se propongan.

De lo que se trata, al fin y al cabo, es de que nuestros hijos tengan un sistema de valores personal, construido a partir de lo que les hemos enseñado los padres. Por suerte, el buen comportamiento se educa; en cambio, lo que ocurre en una casa con una educación basada en colocar a los hijos en el centro del universo y no marcarles unos límites, es como dejar una ciudad sin semáforos ni señalizaciones. ¿Qué ocurriría si en Madrid o Barcelona se apagaran todos los semáforos y nadie controlara el tráfico? El caos más absoluto. De modo que nuestro trabajo como padres consiste en evitar que eso ocurra en casa. Hay reglas y límites que son necesarios.

Para convertir a nuestros hijos en adultos responsables y felices son necesarios unos padres sensibilizados, conscientes de sus obligaciones, que trabajen en conjunto y mejor con las escuelas, los centros, los clubes deportivos y los especialistas, porque saben que la educación de sus chavales se divide en muchos espacios y muchos momentos.

Recomiendo leer este artículo sobre cómo ayudar a nuestros hijos a gestionar la frustración y construir su escala de valores: «El niño ha de aprender que no puede tener todo lo que quiere»:<http://www.abc.es/familia/padres-hijos/abci-nino-aprender-no-puede-tener-todo-quiere-201701222126_noti cia.html>.

CUÁNDO ENSEÑAR HÁBITOS: DOS CASOS

Imaginemos un ejemplo: unos padres llegan a mi asesoría familiar por la mañana, con su bebé en brazos, cargados de ilusión y de futuro, deseosos de formularme una pregunta: «¿Cuándo tenemos que empezar a enseñar hábitos?». A eso les contestaría con otra pregunta: «Imagínate la vida de tu hijo en los próximos diez años. ¿En qué momentos crees que estará siendo educado?». «**En el colegio**, en las **clases de inglés**, en el club deportivo y quizá incluso en las **clases de música**, si quiere estudiar en el conservatorio.»

Pongamos, también, el caso de los padres de un adolescente que se porta mal en casa y están empezando a recibir quejas constantes sobre el comportamiento de su chico. «¿De dónde llegan las quejas?», les preguntaría, y ellos harían una lista: **del instituto, del entrenador del club de fútbol, de la academia de inglés** o **en las clases de repaso**...

A diferencia de los primeros padres, que se plantean cuál es la mejor manera de educar, los de la tarde se preguntan cómo habrían podido ahorrarse estos conflictos, y la respuesta es sencilla, o todo lo sencilla que podamos imaginar: inculcando valores y hábitos desde la infancia, a través de las actividades cotidianas y también de las actividades extraescolares.

Me gusta hablar de **dos factores fundamentales** en la educación de nuestros hijos. El primero es **temporal**: estamos educando siempre, porque somos los modelos de nuestros chavales. Los educamos cuando los acostamos, cuando los bañamos, cuando los acompañamos al colegio, si miramos la tele juntos, a la hora de cenar, los fines de semana, si estamos contentos, si estamos enfadados, cuando les estamos prestando atención y, también, cuando tenemos invitados. Cada segundo que pasamos con ellos es relevante. Por lo tanto, la pregunta correcta no es «cuándo tenemos que empezar» exactamente, sino más bien «cómo tengo que hacerlo», porque ya estoy educando **ahora**. Ya he empezado a formarlo, mejor o peor, y necesito aprender a hacerlo.

El segundo factor fundamental en la educación de nuestros hijos es **espacial**: están siendo educados en todas partes, en cualquier sitio. Y eso es importante para entender que si creemos que la educación solo tiene lugar en el colegio, en la academia y en los extraescolares, es probable que acabemos recibiendo quejas y malos resultados del instituto, la academia y las actividades extraescolares. Recordémoslo en todo momento: los primeros educadores somos nosotros, los padres, y **el principal escenario educativo es nuestra casa**. En mi ejemplo, es probable que los padres de la mañana terminen como los de la tarde si no recapacitan y entienden que **en casa es donde empieza todo.**

Así que, ¿cuándo hay que empezar? Desde el momento en el que llegan a casa. ¿Y dónde tenemos que empezar? En el hogar. Por lo tanto, eso nos convierte a nosotros, los padres, en los principales educadores, y el tiempo que compartimos en casa con nuestros hijos resulta fundamental para trabajar conjuntamente en su felicidad, pues de eso se trata. A continuación se explicarán los pilares básicos de la educación en casa, cuyo principal objetivo es que los niños y jóvenes se sientan más seguros y más felices.

Inculcar hábitos

Una madre me comentó una vez que tenía la sensación de estar poniendo demasiadas normas a sus hijos: una adolescente de catorce años y un niño de ocho. Me explicó que estaba teniendo problemas con la mayor, a la que quería controlar a base de límites y reglas para que estudiara mejor y no saliera tanto, pero la niña se saltaba todas las normas diciendo que la trataba peor que a su hermano. Mi respuesta fue: «No es cuestión de poner muchas normas, sino de establecer las normas adecuadas», y le expliqué que cada hogar debe funcionar a partir de unas reglas de comportamiento que incluyan a toda la familia. Claro está que el niño de ocho y la muchacha de catorce tienen necesidades específicas de cada edad, pero lo primero es construir la convivencia a partir de los valores, las creencias y las necesidades de todos los integrantes del grupo. Las normas tienen que ser claras y en positivo. Por ejemplo: «El teléfono móvil se guarda en este cajón entre las once de la noche y las ocho del día siguiente»; «Los platos se lavan después de cada comida»; «Si tenemos entrenamiento, preparamos la bolsa con el material la tarde anterior». Hay que evitar las frases en negativo, es decir, mejor sustituimos «No guardes la ropa sucia en la maleta toda la semana» y «No puedes llegar tan tarde» con «La ropa sucia se tira cada día al cesto» y «Hay que llegar antes de las cinco».

Los hábitos siempre tienen su explicación. Si decimos que las cosas son así «porque yo quiero» no estamos aclarando los motivos. Cada regla y cada límite tienen que ser necesarios y lógicos. Así que les argumentaremos los porqués de cumplir con una regla. Y, claro está, si no los respetamos debe acarrear consecuencias: un resultado negativo. Saber qué hacer en cada momento, y saber qué ocurre cuando no se cumplen las normas, permite que los jóvenes crezcan dentro de una estructura sólida en la que la responsabilidad, la autonomía y la confianza son la base de todo. Esa base la construimos nosotros mediante normas y límites. Y, a partir de aquí, damos paso a la amistad, la solidaridad, la tolerancia...

Si la hija adolescente de catorce años quiere salir con las amigas un sábado por la tarde, primero tiene que demostrar que podemos confiar en ella. Lo logrará si mantiene ordenada su habitación, si cumple con las tareas de la casa, si lleva los estudios al día... La confianza se gana con los pequeños detalles del día a día. Nuestra obligación como padres es informar de las tareas respectivas, ser un buen ejemplo, cuidar a nuestros hijos... Que estemos pendientes o revisemos las tareas no significa que estemos controlándolos. El control y estar todo el día encima no permiten que se cree confianza, sino al contrario. Es necesario mantener una buena comunicación con los hijos, esto hará que tengamos una excelente relación con ellos.

A veces será inevitable que los chavales no nos escuchen ni hagan lo que deben. De hecho, su objetivo es conseguir lo que desean y a veces, para obtenerlo, sus conductas no son las más adecuadas. Esto se produce sobre todo cuando llegan a la adolescencia, pues es algo que esta etapa lleva consigo. Por eso las normas y los límites tienen que ser claros, sencillos y deben estar presentes desde que los niños son pequeños. Podemos distinguir entre normas obligatorias, aquellas que no son negociables, como las respectivas a la higiene, el orden, la alimentación, el estudio, el respeto a los demás y al entorno..., y las normas secundarias, que tienen que ver con acciones que son necesarias para el buen funcionamiento del hogar.

Algunos padres creen que deben premiarles si realizan las tareas obligatorias («Si bajas la basura te damos un euro»). Pero lo cierto es que las responsabilidades no se premian sino que se refuerzan. Nos estamos refiriendo a la diferencia entre el refuerzo positivo y las recompensas: hay que animar a nuestros hijos cuando hacen algo bien: les felicitamos, se lo reconocemos. En cambio, le damos un regalo de manera excepcional, en ocasiones especiales y no por el hecho de haber cumplido con sus responsabilidades.

LA AUTORIDAD DE LOS PADRES

En el pasado, cuando escuchábamos palabras como autoridad y castigo, nos venían a la mente padres exigentes y profesores estrictos. La disciplina y la obediencia eran el pan de cada día, un modelo educativo que ya no funciona, como tampoco la permisividad absoluta. ¿Sabemos realmente qué entendemos por cada una de esas palabras? La autoridad y el autoritarismo no tienen nada que ver: los padres reflejan la autoridad de manera natural, porque son los que protegen, los que cuidan, los que se aseguran de que los niños puedan crecer y formarse. Eso implica responsabilidad paterna, no autoritarismo. Nuestro objetivo es que los niños interioricen los hábitos necesarios para vivir bien y felices pero el hecho de no conseguirlo no justifica que nos pongamos a gritar. Cuando chillamos o etiquetamos («No sirves para nada») les estamos perdiendo el respeto, estamos minando su autoestima, y el precio de esta falsa disciplina es que los chicos no interiorizan los hábitos que necesitan, sino que escuchan y aceptan aquellas palabras que decimos desde nuestro enfado.

En este vídeo explico uno de los trucos esenciales para comunicarse bien: controlar el tono de voz: <https://www.youtube.com/watch?v=yWq8ST7YssQ>.

Las normas y los límites se establecen con calma y tranquilidad. Jamás hay que gritar, insultar o humillar. Por eso, cuando los chicos no cumplen con sus tareas, debemos referirnos a las consecuencias, no al castigo. Una consecuencia debe ser realista; debe relacionarse con el mal comportamiento y no con nuestro malestar; ha de ser efectiva y no tomarla como una revancha, y siempre se explican de antemano. ¿Qué nos interesa, al fin y al cabo? Que aprendan a comportarse, a ser ordenados, limpios, amables y generosos. Lo importante es que conozcan los límites, que pongan de su parte, que entiendan el valor de las normas y que sumen al conjunto de la familia. Claro que los padres deben ir hacia el mismo lado, decidiendo las normas conjuntamente y mostrándose unidos. Si los niños detectan que uno de los dos no comparte la norma, se sumará a ello para conseguir saltársela e intentará, además, desencadenar una discusión entre sus padres.

Muchos padres autoritarios y permisivos olvidan que los niños necesitan un modelo, alguien que les oriente. Las normas y las consecuencias forman parte del proceso de formación de cualquier persona y son imprescindibles para educar a niños responsables y felices. Eso significa que la disciplina no se impone o no se evita, sino que permite establecer las bases de la convivencia. Los padres son un punto de apoyo importantísimo: si convertimos la autoridad en autoritarismo, o si nos transformamos en padres colegas, los niños no encuentran este apoyo sino un vacío de autoridad o, peor aún, un trato humillante e incomprensible. Disciplina y amor no son incompatibles. La buena autoridad es la que educa desde el amor.

Francisco Castaño @Francasta · 25/6/17
El respeto a maestros, profesores y entrenadores es fundamental. Si los respetamos los padres, los hijos también lo harán.
5
10

Saber decir no

Muchos padres no quieren hablar de normas y límites porque tienen miedo de «traumatizar» a sus hijos. En cambio, reconocen que no pueden evitar que los pequeños los manipulen a ellos con sus deseos y sus trampas, como si los adultos no supieran cómo imponerse. Lo primero que necesitamos saber es que los hijos son expertos negociadores y con ellos siempre tendremos las de perder. Juegan con una gran ventaja: tienen una imaginación sin límite capaz de inventar cualquier estratagema para hacernos sentir culpables. Nosotros no tenemos que ceder bajo ningún concepto, y si decimos que «no» a un juguete, a una chuchería o a un regalo tenemos que mantenernos firmes.

El «no» enseña que no podrán conseguirlo todo en la vida. Es importante que seamos nosotros quienes se lo transmitamos, porque en el fondo nadie les querrá más, y si lo hacemos es porque les conviene entender que la vida no siempre es fácil. De pequeños piden un coche de carreras, y un avión teledirigido, y una cocina de plastilina; los padres que les dan absolutamente todo lo que piden les están enseñando inconscientemente que se lo merecen todo. De ese modo, los pequeños se acostumbran a recibirlo todo «gratis». Más tarde, cuando pierdan un trabajo o no obtengan el resultado que esperaban de un examen, o incluso cuando quieran comprarse un yate y no puedan, imaginarán que el mundo se ha rebelado contra ellos, o peor, que sus esfuerzos jamás tendrán resultado. Entonces se sentirán insatisfechos e infelices, superados por su frustración.

Tenemos que educar a nuestros hijos para que sean flexibles, para que se sobrepongan a las dificultades. Acostumbrarles a oír «no» es una buena táctica para incrementar su «resiliencia». Como escribió Rafael Santandreu, la tolerancia a la frustración nos permite disfrutar más de la vida, porque así no perdemos el tiempo amargándonos por las cosas que no funcionan. La vida es un camino rico en sucesos, dificultades, reveses y alegrías de todo tipo. Y si hay algo que no podemos hacer los padres es evitar el sufrimiento de nuestros hijos; en algún momento pasarán alguna penalidad. Es precisamente en ese momento cuando, en vez de evitarles las penas, debemos acompañarlos y guiarlos para que conozcan y gestionen sus sentimientos. Desde el sentido común y el amor, no debemos evitar las dificultades de la vida a nuestros hijos, sino más bien enseñarles a superarlas.

DIEZ EXCUSAS QUE PONEMOS PARA NO SOLUCIONAR LOS PROBLEMAS:

1. No tiene importancia.

2. Prefiero no decirle nada y así me ahorro problemas.

3. Mañana se lo digo.

4. Por esta vez se lo paso.

5. No servirá de nada.

6. He tenido mala suerte.

7. Esto no pasaría si...

8. No me lo merezco.

9. Ya crecerá, no ha madurado.

10. Este no es el hijo que quiero.

TERCERA PARTE

Hablan los expertos
Las entrevistas

Carme Barceló

Periodista de deportes
«El deporte tendría que ser como dormir o beber.»

¿A qué te dedicas?
Llevo treinta y un años dedicándome al periodismo deportivo, por vocación, y también escribo en suplementos sobre estilo de vida. Soy colaboradora habitual del programa *El Chiringuito de Jugones* en el grupo Atresmedia y de otras tertulias radiofónicas. Me siento una privilegiada en muchos sentidos, en parte porque puedo dedicarme a lo que me gusta, pero sobre todo porque con el periodismo puedes transmitir valores y ser la cara visible de muchas cuestiones que merecen toda nuestra atención.

¿Es el del fútbol un mundo masculino?
Por supuesto. En el mundo del fútbol las mujeres somos una gran minoría. El 90 por ciento de las personas del entorno de mi trabajo son hombres: jugadores, entrenadores, árbitros, directivos, periodistas... Por eso soy una mujer en un mundo de hombres. Y, como yo, hay unas cuantas más.

¿Hay más mujeres en los medios deportivos que en tiempos anteriores?

Sí, afortunadamente hay más, aunque cuesta hacerse un espacio en este ámbito. Tenemos que trabajar el doble para conseguir la mitad. Nos pasamos la vida demostrando que estamos capacitadas para este trabajo.

¿Tus jefes son hombres?

Lo son la mayoría de los jefes de las secciones de deportes. También los directores de periódicos y televisión y radio. En información deportiva, es complicado acceder a un puesto de poder.

¿Alguna alegría que puedas compartir?

Hace poco más de un año tuve una de las alegrías más grandes al saber que una periodista alemana había retransmitido un partido de fútbol. Eso es un hecho sin precedentes. Estamos en el siglo XXI y aún queda mucho por hacer.

¿Es importante hacer deporte?

Realizar ejercicio físico es importantísimo. Para los niños, que están creciendo, hacer un deporte controlado y ajustado a la edad es muy recomendable. Además, es una herramienta educativa brutal: compartes experiencias, te esfuerzas por un objetivo, te sacrificas en equipo y te ayuda a crecer como persona.

Y aprendes la cultura del esfuerzo.
Aprendes lo que cuesta conseguir algo, que uno puede llegar lejos con mucho trabajo, que el talento suma, claro, pero que es tan importante como dedicarle horas... Nunca es tarde para incorporarlo a tu vida.

Siempre digo que es una manera de activarte.
Cuando era pequeña no me gustaba mucho esforzarme. Se me daban bien los estudios y no me hacía falta dedicarle demasiadas horas. Hacer ballet clásico me enseñó lecciones de exigencia y disciplina de las que sigo aprovechándome hoy.

¿Habría que hacer deporte diariamente?
Tendría que ser como dormir, comer o beber, algo que hacemos cotidianamente. Cuando hablamos de niños eso ya es indudable. Que los niños jueguen en equipo y descubran la generosidad, el trabajo conjunto, saber ganar y saber perder... Son ideas que proyectas en la vida.

¿Qué papel tuvo el deporte en tu infancia?
De pequeña jugaba a baloncesto y asistía a clases de danza clásica y contemporánea. En invierno esquiaba... A mis padres les encantaba que hiciera todas estas cosas, con lo que siempre me apoyaron. Mi madre disfrutaba del deporte como espectadora, y a los cuarenta años empezó a hacer yoga. Mi padre nadaba todos los días del año, en el gimnasio o en el mar. Era su manera de relajarse.

¿También durante las vacaciones?

Sí, nuestras vacaciones no giraban exclusivamente alrededor del deporte pero siempre hacíamos alguna actividad física. O nadábamos o íbamos en bicicleta o hacíamos alguna excursión. En invierno, mi padre y yo esquiábamos. Cuando vives el deporte de manera saludable y tan cotidiana te deja recuerdos muy bonitos.

Y eso lo repites tú como madre.

Mi hijo entrena tres días a la semana y compite otro más. Lo importante es que ha podido probar un poco de todo, y que al final ha escogido el deporte que más le gusta, el baloncesto. No pretendo que mi hijo sea Pau Gasol, lo que quiero es que se lo pase bien; que comparta experiencias; que disfrute con sus colegas de ese tiempo compartido y de las victorias, y que las derrotas le sirvan para analizar, revisar y corregir.

Es decir, aprender con el deporte.

Este año le han dado el premio al mejor compañero del equipo. Eso para mí es más importante que ser el mejor jugador del mundo. Si lo ha conseguido se debe a por sus propios méritos como persona y, espero, que por lo que ha aprendido en casa.

¿Ves algún cambio en la idea del deporte con respecto a años atrás?

Antes decíamos que lo importante es participar. Esa idea

se ha modernizado y ahora hablamos de disfrutar. Los niños tienen que pasarlo bien, divertirse. Más que ganar, se insiste en que lo importante es ser feliz jugando.

Solemos olvidarlo.
Últimamente el fútbol amateur nos ofrece espectáculos bochornosos en los que los padres agreden a los árbitros y los niños lloran cuando ven a sus progenitores haciendo cosas lamentables... Se percibe mucha violencia en algunos campos. Si los padres montan un espectáculo, acaban creando en los hijos una serie de frustraciones que convierten el deporte en un castigo.

¿Has vivido alguna experiencia similar?
Mi hijo juega en un equipo de baloncesto desde pequeño y una vez tuvimos que pedir a un padre que se retirara de la grada porque estaba armando un escándalo. Intentaba agredir a otro padre. Se me caía la cara de vergüenza. Tuvimos que disculparnos con los otros padres...

¿Por qué ocurre eso?
Se trata de un enorme problema de educación. Se insultan los árbitros, los críos sufren una presión tremenda e inmerecida...

¿Los padres presionamos demasiado?
Algunos padres quieren o pretenden que su hijo sea Messi o Cristiano Ronaldo. Escribí un artículo titulado «Papá, yo

no soy Messi». Los padres estamos convencidos de que nuestro hijo es el mejor y que tiene que jugar, y exigimos mucho de nuestros hijos, les presionamos e intimidamos también al entrenador...

Los padres no respetamos el espacio del entrenador.
Al fin y al cabo, los entrenadores están para entrenar y enseñar a los niños lo necesario en cada disciplina. La familia es el pilar de los hijos y la máxima responsable de su educación, evidentemente, pero si ponemos a un hijo en manos de un entrenador, hay que respetar sus decisiones.

¿El respeto es importante en el deporte?
Se trata de lo principal. Hay que respetar al contrario, además de al árbitro, al entrenador, al público, a los jugadores... es básico. También debemos educar el buen comportamiento: saber estar aun cuando tengas las emociones a flor de piel, incluso aunque a nivel arbitral se haya cometido una injusticia...

Autocontrol.
Delante de los niños somos sus referentes. No podemos olvidarlo.

¿Qué opinan tus compañeros y compañeras de profesión?
Está claro que no todos pensamos igual y el debate es muy sano y enriquecedor, siempre desde el respeto. Del mismo

modo que constituye la base de la convivencia y la educación en mi casa, así debe ser en el trabajo. Intento transmitir mis valores desde el respeto. Hay que ser tolerante y también saber perder.

No se pueden ganar todas las discusiones...

Una tiene que poder encajar las críticas, siempre que sean constructivas. Y si tienes argumentos, podrás rebatirlas. Para eso debes formarte y tener conocimiento sobre aquello de lo que hablas, leer mucho, escuchar opiniones de todo tipo, enriquecerte a diario.

En una palabra...

Aprender. Es importantísimo. No quedarse solo con una corriente de opinión y escuchar a los demás aunque tengas muy claro lo que piensas. A la larga te dará muchas herramientas para comprender pero también para ejercer la crítica y opinar con argumentos.

¿Tuviste algún modelo que te empujara a dedicarte a esto?

Nunca, no tengo antecedentes familiares «de letras», por decirlo así. Yo lo que tenía muy claro era que quería escribir. De pequeña ganaba los concursos de redacción, me encantaba y me sigue gustando comunicar. Era una gran lectora. Devoro libros desde que sé leer.

¿Te especializaste en periodismo deportivo desde el principio?

Opté por el periodismo de investigación, pero en tercero de carrera conseguí una beca en un diario deportivo y, como me apasionaba el fútbol y el deporte en general, la disfruté a tope. Ese fue el inicio, ¡y que dure muchos años más!

Rubén Bonastre

Exdirector académico de La Masia del Barça

¿Querías dedicarte a la educación ya desde pequeño?
Siempre fue vocacional. A los quince años hice de canguro, algo no muy habitual para un chico en esa época. Años más tarde reorienté profesionalmente a una de las niñas que había cuidado. Yo estaba en la universidad, le daba clases de Química, y ella acabó haciendo un módulo de Enfermería. Y después de la carrera me saqué el título de Formación de Profesorado.

Más tarde educaste en el deporte...
Una cosa es el deporte escolar, en el que te sirves de la actividad física para educar, como cuando los niños son pequeños. Se pueden trabajar aspectos como el conocer al otro, descubrir los propios límites, el esfuerzo cooperativo...

¿Y cuál es el otro?
El de alto rendimiento. En este nivel uno de mis objetivos es hacer entender a los jóvenes deportistas que no serán el

nuevo Messi y que lo importante es compaginar estudios y deporte. Centrarse en el proceso de crecimiento que viven, más que en el objetivo constituye un gran aprendizaje siempre. De lo contrario te puedes sentir fracasado con apenas veinte años, como un muñeco roto.

¿Cómo se trabaja la competición y la presión con los deportistas más jóvenes en La Masia del Barça?
Los más pequeños de la residencia suelen tener doce años. Si se acompaña la presión deportiva con un buen programa educativo, en el que los chicos y chicas no solo practiquen su deporte sino que cuenten con una formación paralela, al final se ofrece una experiencia muy completa. Claro que hay presión, pero depende de cómo lo viva la familia.

¿La presión es algo exclusivo del fútbol?
El fútbol tiene mucha carga social y los padres fantasean con el futuro profesional, económico, la fama... de sus hijos. Además, con el deporte en general ocurre algo muy curioso, los chicos a veces se transforman en el tirano de la familia, así que mamá y papá se convierten en el chófer y la chacha y viceversa. El deportista pasa a ser el cabeza de la casa con quince años.

¿Por qué ocurre eso?
Algunas familias, intuyendo qué camino seguirá su hijo, desmontan la estructura familiar y la adaptan a las necesidades del pequeño. Ahí su carrera se vuelve muy difícil de

gestionar, porque si el niño no consigue llegar a profesional se resiente toda la familia. Un caso contrario lo vemos en Pedro (Pedro Rodríguez Ledesma, exazulgrana), cuyo padre no dejó de trabajar en la gasolinera a pesar de que su hijo jugaba en el Barça.

¿Se sube el éxito a la cabeza?
Más que el éxito en sí, lo que hace cambiar el carácter es el entorno.

¿A los padres les importa más lo educativo o la competición?
Hay de todo. En la primera reunión todos dicen que lo importante es educar, pero los objetivos y los intereses acaban saliendo a la luz. Algunos padres creen que su hijo de quince años es Messi o Iniesta, y eso a la larga puede ser muy problemático.

¿Se trata de algo propio de nuestro tiempo?
La sociedad ha cambiado mucho, sobre todo en cuanto a los medios de comunicación. Hace diez años un chaval que jugaba en el Barça no era mediático. Ahora, en cambio, algunos niños tienen cuenta de Twitter y quizá ni siquiera la gestionan ellos, con lo que parece que sean más importantes de lo que son. Recuerdo uno de los primeros chavales que tuvo página web personal.

¿Sigue jugando?

No, tuvimos que darle de baja, y, claro, cuando has tenido un foco apuntándote todo el rato y de repente lo apagas, es muy difícil de gestionar. Si lo vives con naturalidad, es más sencillo aceptar los fracasos y las derrotas y ver el lado positivo. «He sido parte de esto durante muchos años», o «parte de mi formación la he realizado en el Barça».

Dices que no todo es deporte. ¿Qué otras actividades se hacen en La Masia?

Tenemos cadetes que han estado en Emiratos Árabes, en Senegal, en Bélgica, en Japón... Poder viajar y ver mundo es muy formativo. Con el equipo infantil fuimos a Senegal y, aunque dábamos clases de refuerzo, nos decíamos que la formación estaba fuera del aula. Aprenderán más conviviendo con la gente de Saly que en clase de tecnología.

¿Es difícil educar a niños con talento?

Si ser padre ya es complicado de por sí, porque cada día nuevo es una sorpresa, educar a un niño con un talento especial lo es aún más. Esa inseguridad de no saber si estás haciendo lo correcto... tiene que ser muy difícil. No estoy de acuerdo con la frase de que el tren solo pasa una vez.

¿Cómo es eso?

Lo primero a lo que deberían prestar atención los padres y las instituciones cuando un niño o niña sigue un proceso deportivo de élite es, obviamente, si el niño o niña quiere hacerlo. A veces se trata más del sueño del padre, la madre o el abuelo, que el suyo propio. Cuando avisamos a algunos deportistas de que ya no seguirán con nosotros se nota que se quitan un peso de encima.

¿Cuál es la mejor escuela?
Aquella en la que el niño o la niña es feliz, en la que el nuevo entorno se parece al suyo y en la que va bien en los estudios. Si una niña no es feliz en La Masia no va a rendir en nada, ni académica ni deportivamente. Pero sobre todo hay que saber mirar lo positivo.

¿A qué te refieres?
Antes hemos hablado de Pedro. Si los padres te apoyan en tu carrera deportiva sin abandonar su puesto de trabajo, eres consciente de cómo se ganan el pan y trabajan duro día tras día. Los enfermeros o los camioneros tienen turnos de noche o jornadas muy largas. Eso favorece que el deportista se dé cuenta de lo afortunado que es por poder dedicarse a lo que le gusta y hacerlo, además, con unos horarios razonables.

Ayuda a no perder de vista lo importante.
Cuando los padres son coherentes y la estructura familiar es estable (y no me refiero únicamente a la tradicional), los niños pueden crecer asumiendo con naturalidad los pasos que dan, y por su parte los deportistas profesionales siguen

conservando un núcleo de valores importantes. En La Masia educamos a personas integrales y completas.

Y la figura del entrenador...
Es muy importante. En el caso de La Masia son educadores, pedagogos, graduados del INEF, de magisterio... Se nota mucho cuando un entrenador solo busca resultados. El que se preocupa por educar sabe que debe gestionar un grupo, detectar qué deportistas son más fuertes, cuáles menos resistentes, cuáles están integrados... Dile que juegue bien a un pequeño o a una pequeña que está en un país nuevo, con gente y costumbres nuevas, a veces sin la compañía de sus padres. Hay que saber manejar eso y tener mano izquierda.

¿Hay respeto en el campo de juego?
Debería haberlo. Primero hacia el árbitro, que en categorías inferiores es el educador en el campo de juego, es quien enseña las normas. Después los padres deberían ser conscientes de cuál es su papel en la grada y de cómo deben comportarse. Ellos son los que tienen que enseñar a respetar.

¿Y por qué no siempre lo hacen?
El fútbol es el circo romano del siglo XXI. En el Bernabéu, el Camp Nou o cualquier otro estadio, incluso las personas más correctas llegan a perder los papeles. He visto a árbitros que detenían partidos juveniles por culpa de la actitud de los padres y que decían que el partido no seguiría hasta

que tal persona abandonara la grada. Al final son los otros padres los que obligan a la persona que grita a salir fuera. Eso difícilmente sucedería en un partido profesional, aunque debería pasar más.

El árbitro como educador.
El árbitro es la máxima autoridad y, en categorías inferiores, su papel es primordial. Cuando corrige la posición de un chico que está chutando una falta lo que está haciendo es enseñarle a patear bien; gracias a ese gesto el deportista aprende. Entonces, ¿por qué los padres lo critican? Está cumpliendo su función, una que los padres, por ejemplo, no pueden hacer.

Ismael Castaño

Estudiante de secundaria y ciclista

¿Desde cuándo te gusta hacer deporte?
Desde pequeño. A los seis años empecé a practicar ciclismo. Me viene de familia, porque a mi padre y a mi hermano también les gusta ir en bici. Veía a mi padre salir por las mañanas y le decía: «Papá, quiero ir contigo a dar una vuelta». Y entonces me apuntó al club Sant Boi.

¿Cuándo te lo pasas mejor: en los entrenos, de excursión en bici con tu familia, cuando sales a correr con tus amigos...?
En todos lados, intento pasarlo bien allá donde voy. En las carreras, por ejemplo, te cansas mucho, aunque se disfruta. Cuando salimos en familia siempre lo pasamos muy bien.

¿Con qué frecuencia haces deporte?
Me subo a la bici tres veces por semana, a veces cuatro. Por momentos me gustaría poder rodar más, porque en los entrenamientos no siempre estamos corriendo en la bici y además no nos dejan ir muy deprisa. Si pudiera entrenar más, iría más veces en el pelotón.

¿Cómo te organizas el tiempo con el colegio, el deporte, los deberes...?

En secundaria el nivel es más difícil, así que tengo que esforzarme más que antes. Al mediodía suelo repasar lo que hemos dado en clase y lo subrayo. Por la tarde hago los deberes, o alguna tarea que me hayan asignado, e intento tenerlo todo hecho antes de ir a entreno.

¿Has faltado al entrenamiento alguna vez porque había que estudiar?

No, en realidad hay tiempo para todo si sabes organizarte. Este curso lo he aprobado íntegro sin necesidad de prescindir del deporte. En cada momento hago lo que corresponde, sin distraerme. Así lo llevo todo hecho y al día.

¿Es importante ganar carreras?

A mi edad, no. Ahora lo importante es pasármelo bien y esforzarme al máximo. Más adelante, cuando suba de nivel, sí que me preocupará ganar.

¿Has perdido alguna carrera?

Sí, y siempre salgo contento, porque me divierto. Ganar no es lo más importante.

Entonces, tu objetivo principal no es vencer.

Me gusta el ciclismo porque estoy con los amigos, puedo conocerlos mejor; además, mi familia suele venir a verme, y juntos nos lo pasamos muy bien.

¿Qué es para ti la deportividad?
Correr bien en la bici, no hacer nada que perjudique a otra persona, ni tampoco insultar.

¿Y qué haces cuando ganas una carrera?
Doy la mano a los otros compañeros, doy gracias cuando me felicitan, saludo a los que quedaron en otras posiciones en el podio...

¿Y cuando pierdes?
Me digo que otra vez será. Esta vez no gané, no pasa nada, volveremos a intentarlo el año que viene, o cuando se pueda.

¿Has conocido a alguien que vaya de crack cuando gana?
Sí, lo he visto muchas veces en el fútbol; a veces quien marca muchos goles se siente el mejor. En la bici funciona diferente: quien corre más es quien tiene mejor cuerpo o quien ha entrenado duro, y si no te ejercitas, no avanzas.

¿Qué te gusta del club en el que estás?
Nuestro entrenador nos trata bien y nos habla con respeto; trabajamos mucho en equipo, ayudando a la persona que tiene que ganar en vez de querer fastidiarla... y somos un equipo que en realidad se parece a una familia. Nos sentimos a gusto.

¿Hacéis actividades juntos después del ciclismo?
Sí, vamos a cenar, hacemos salidas... Nos importa el compañerismo y el estar juntos. No veo eso en otros clubes

porque solo piensan en ganar, y sus entrenadores les gritan que no llegarán a ningún sitio si no se esfuerzan más.

Es decir, que presionan a sus chicos.
Sí, mucho. A nosotros no nos presionan tanto, sino que el entrenador procura que lo pasemos bien. Cuando crezcamos ya habrá tiempo de luchar. Esa es la filosofía del club. Aunque me gustaría llegar más lejos.

¿Cuál es tu recuerdo más dulce sobre la bici?
Tengo dos. Uno es el primer trofeo que gané, en una carrera en Porqueras. El otro fue el trofeo que gané en Ejea, mi pueblo. Los chicos me detenían por la calle para preguntarme si yo era el que había ganado.

¿Y un mal recuerdo?
En una carrera en Pamplona, ya estaba en el esprint final, a punto de ganar, y me tiraron al suelo. Acabé la carrera fastidiado. En otra competición, en Ejea, también me caí en la penúltima vuelta, esta vez porque me hicieron un sándwich y se colocaron a lado y lado.

¿Qué hiciste después de que terminara la carrera?
No me enfadé, sino que me fui con mis amigos a divertirme.

¿Qué significa para ti la expresión «educar en el ciclismo»?
Han venido muchos ciclistas famosos a hablarnos de la filosofía del deporte. Nos hablan de honor, de felicidad, de esfuerzo.

¿Hay algo que hayas aprendido de otros ciclistas profesionales?

Suelen decir que lo importante es estudiar mucho y prepararse. Y que jamás me olvide de pasármelo bien.

¿Qué quieres ser de mayor?

Ciclista profesional y educador, como mi padre.

Lorena Cos

Psicóloga de deportes

«Los niños tienen que decidir a qué dedicarse, no los padres.»

¿En qué consiste tu trabajo?
Mi labor consiste en entrenar las habilidades psicológicas necesarias para que el deportista pueda competir mejor y desarrollar su rendimiento: confianza, motivación, nivel de actuación, atención, cohesión, estrés...

Tu papel va más allá de la solución de conflictos.
Sí, el deportista no va al psicólogo solo cuando tiene un problema. El psicólogo deportivo está para sumar y potenciar o mejorar los recursos de los que ya se dispone (los puntos fuertes) o para incluir nuevas habilidades que hasta ahora no se han trabajado.

¿Qué habilidades trabajas con los deportistas, aparte de las que has mencionado?
Otros rasgos en los que nos enfocamos son el liderazgo, la comunicación, el autoconocimiento, pero también afrontamos aspectos más concretos como los pensamientos, las creencias...

¿Trabajas con niños que se dedican al deporte?

Sí, generalmente porteros (ríe). Aunque muchas familias vienen porque son los padres y las madres los que sienten inquietudes, no los niños. Los padres vienen y me dicen que su hijo, por ejemplo un portero, no sabe encajar los fracasos ni gestionar la frustración. Ellos lo atribuyen a algo interno, de su manera de ser.

¿Y a qué se debe en realidad?

Los porteros se sienten muy solos. Entre otras cosas piensan que si les han marcado diez goles, esos diez goles son errores suyos. Están más expuestos a esas emociones que los niños que juegan en equipo, porque ahí las victorias y los fracasos se reparten mejor.

Entiendo.

Pero también vienen padres y madres preocupados porque quieren que su hijo o hija llegue a tal o cual punto y se dan cuenta de que no lo conseguirá. Estas familias consideran que el psicólogo es la persona que les permitirá hacer de su hijo un deportista de élite.

¿Qué necesitan los deportistas de nivel alto?

Cada persona que se dedica al deporte tiene necesidades propias e inquietudes diferentes. Un deportista de nivel alto suele querer potenciar sus capacidades para seguir subiendo.

¿Y los niños?

Los niños practican deporte a nivel formativo para aprender valores, trabajar en equipo, identificar y gestionar sus emociones, y también se realiza un trabajo indirecto con los padres que repercute en la satisfacción de los pequeños.

¿Qué tiene el deporte en común para todos ellos?

El deporte es una herramienta de aprendizaje y de bienestar. De cara a los niños, es importante porque la práctica habitual mejora la salud, contribuye a controlar el sobrepeso, ayuda a la coordinación, aumenta las capacidades motoras y favorece el crecimiento de huesos y músculos...

En cuanto al desarrollo psicológico y emocional...

Los niños aprenden a gestionar adecuadamente su tiempo, es decir, aprovechan mejor los ratos libres. Además, el deporte facilita la socialización porque te permite conocer a muchas personas, mejora la autoestima, ayuda a superar la timidez...

Los padres lo sabemos, o deberíamos saberlo.

Cuando pregunto a los padres que por qué llevan a sus hijos a hacer deporte me dicen que para que los niños se diviertan, aprendan, estén en forma... Pero a veces nos olvidamos de eso.

¿Por qué?

Porque, en ocasiones, los padres acabamos discutiendo con el padre de al lado, o insultamos al árbitro. Y en realidad los objetivos por los que nuestros hijos hacen deporte ya están cubiertos. Si nos peleamos es por otros motivos.

Los niños lo sufren.

Hay una diferencia entre el niño que quiere ser deportista porque ve que sus padres lo son, y aquel que no escoge hacer deporte sino que sus padres lo obligan porque quieren que logre eso que ellos no consiguieron (ser deportista de élite, por ejemplo).

¿Presionamos demasiado a los niños?

Sí, a veces confundimos compromiso con presión, cuando nunca deberían ir de la mano. El compromiso para mí es innegociable, uno de esos valores del deporte que no deben faltar jamás, como la responsabilidad, la disciplina, etc.

¿En qué consiste ese compromiso?

Hay un entrenador que cuenta conmigo, estoy ocupando una plaza que quizá otro niño podría aprovechar, y aunque practiques un deporte que no es de equipo, como el ciclismo, en parte estás comprometido con el grupo de chicos que también van a entrenar. Porque somos un grupo y convivimos, aunque no compitamos juntos.

Trabajo en equipo y convivencia...
El deporte también nos da otros valores para el día a día. Nos enseña a tener paciencia, a trabajar con esfuerzo y constancia... Algo muy importante es que los niños aprenden a planificarse el tiempo, pues como hacen tantas cosas tienen que organizarse: saber qué necesitarán para hacer qué, cuánto rato van a dedicar a cada tarea...

Hay que enseñar a ser competentes, no competitivos.
Por eso es importante la constancia. En el deporte hay que evitar los extremos: tan malo es no dedicar ninguna hora a la semana como entrenar en exceso. Con los niños aún hay que ir con mayor cuidado, están en período de crecimiento y desarrollo, y son vulnerables.

¿Cómo se controla eso?
Si un niño acude al club dos días a la semana, no hace falta que el padre lo entrene dos días más. Hay algunos colegios que también entrenan demasiado. Entonces al pequeño no le queda tiempo de hacer deberes, divertirse, salir al parque o jugar con sus hermanos.

¿Todos los entrenamientos son iguales?
Lo ideal sería que cada entrenamiento estuviera adaptado a la edad y las circunstancias. Además del aspecto físico, no hay que olvidar las muchas destrezas que cualquier deportista necesita para realizar bien su deporte.

Mi hijo es ciclista.

En ese campo, además de poder circular durante muchos kilómetros, también hay que saber cuidar de la bici, sortear obstáculos, guardar distancias... Ese montón de pequeñas destrezas, que cambian en cada deporte, son importantísimas.

¿Cuál es el rol de los padres?

Acompañar y apoyar. Del mismo modo que no le decimos a la profesora cuándo debe poner un examen, o igual que no entramos en clase gritando que queremos que salga nuestro hijo, debemos respetar la figura del entrenador. Lo cual no quita que la comunicación fluya entre unos y otros para que los padres sepan cuánto ha avanzado su hijo.

Presionamos demasiado a los niños para que rindan.

La presión no debe proceder de los padres sino de los niños. Si los niños quieren más técnica, más entrenamiento, más esfuerzo, te lo pedirán. Ellos deben decidir a qué dedicarse.

¿Y si el hijo es talentoso?

Tener un talento para algo (para ser ciclista, por ejemplo) no significa que debas dedicarte profesionalmente a ello. Por eso el niño debe poder elegir, y la mejor manera de permitírselo es respetando el tiempo de los deberes y el de los deportes por igual. Las actividades cotidianas son importantes.

¿Es necesaria la formación académica?

Claro, permite disponer de varias opciones en el futuro. Al empezar una carrera deportiva no solemos estar seguros de que podremos dedicarnos profesionalmente a ello, además de que pasada cierta edad es inevitable que bajemos el ritmo.

Nuestros hijos hacen tantas actividades que les falta tiempo.

Por eso, más que pasarte muchas horas estudiando, lo mejor es que dediques menos horas pero de calidad. Además es imprescindible disponer de un lugar de estudio en el que no se distraigan y puedan aprovechar bien el tiempo.

¿Puede ayudarnos el entrenador en eso?

Es recomendable que el entrenador se interese por los resultados académicos, así demuestra que los estudios y el deporte van de la mano. Ambos se necesitan mutuamente.

A veces se utiliza uno como excusa para no hacer lo otro.

Cierto. En cambio, si el compromiso hacia las dos actividades es igual de importante, te ahorras comentarios como: «No puedo estudiar porque tengo que ir a entrenar».

¿Hay padres «entrenadores»?

Sí, son aquellos que solo ven lo negativo y que suelen estallar por cualquier cosa, mucho más que un padre que se limita a apoyar y acompañar. Por desgracia la televisión siempre enfoca al padre gritón, aunque a lado y lado se encuentren padres respetuosos.

La actitud de los padres afecta a los niños.
Desde luego. Cuando los niños ven a sus padres enfadarse, gritar y discutirse es inevitable que dejen de pasárselo bien. Repito que su papel es apoyar y acompañar.

¿Cambia eso mucho si los hijos son niños o niñas?
No, no hay diferencias en ese sentido. Lo importante es la relación que tienen los padres con los hijos, tanto respecto a su compromiso deportivo como a su respeto a la figura del entrenador. Es vital que estemos juntos en esto, padres, hijos y entrenador, y que recordemos que lo principal es aprender y divertirnos.

¿Cuál es el papel del entrenador?
Enseñar y enfocarse más en el proceso de aprendizaje y de educación que en el simple resultado. Todo ello implica renovarse constantemente y preocuparse siempre de mejorar su entrenamiento.

Mavi García

Ciclista profesional del Movistar Team femenino.
Campeona de España 2016

¿Siempre quisiste ser atleta?
Mi madre estuvo buscando deportes para niñas: probé la gimnasia rítmica, la gimnasia deportiva, la psicomotricidad, pero no me gustaba nada. A mis hermanas sí las apuntó a atletismo; en cambio a los siete años yo empecé con el patinaje artístico, me gustó y me quedé hasta los dieciséis.

Casi diez años.
Viajábamos mucho, participaba en campeonatos, entrenaba muchas horas. No fue hasta los veinticinco que empecé a correr, y me dediqué a eso tres años. Después me enganché al ciclismo por el duatlón; los hacíamos en pareja mi hermano y yo.

Es interesante que empezaras con el atletismo a los veinticinco.
Mi cuerpo ya estaba acostumbrado al esfuerzo físico y a dedicarle muchas horas. Si tienes condición física es más

fácil engancharte a otros deportes. Me dediqué al patinaje artístico durante mucho tiempo.

¿Qué has aprendido con el deporte?
Recuerdo el primer día perfectamente. En patinaje hacíamos pruebas de aptitud y todo el mundo me decía que lo hacía muy bien, que prometía mucho, pero cometí un error y me suspendieron. Eso fue como la peor desgracia de mi vida; me pasé un buen rato en la cama llorando. Y gracias a experiencias como esta he aprendido a asimilar las cosas malas, a no derrumbarme cuando fracaso o me equivoco.

Y ahora te dedicas al deporte profesional.
Llevo ocho años corriendo, pero es mi segundo año como deportista profesional. Durante mucho tiempo trabajé mañana y tarde en la empresa, estuve ahí doce años, y si había reuniones me quedaba una hora más en el trabajo. Mi vida era un poco caótica. Comía a las doce, salía con la bici dos horas, después regresaba al trabajo y a las siete salía a correr... Y entretanto, hacer vida normal, claro.

¿Te apoyó y te sigue apoyando tu familia?
Siempre me han animado en todo. Saben que no hago locuras, y entienden que haya dejado el trabajo para dedicarme a esto. He pedido una excedencia, no me tiré al vacío a ver qué pasa.

¿Tienes algún referente?

Mi temperamento me lleva a luchar y pelear por las cosas. En este sentido me gusta que Rafa Nadal haya logrado tanto a base de trabajárselo y sacarlo todo adelante... me veo reflejada en su actitud.

¿Ha cambiado tu imagen del deporte con los años?

La imagen cambia cuando el deporte deja de ser un hobby y te dedicas a nivel profesional. De pequeña lo veía más como un juego, aunque siempre me lo he tomado muy en serio. Cuando hago algo, lucho con uñas y dientes. Ahora solo me dedico a esto, todo gira en torno al deporte; digamos que no tengo manera de distraerme, y si te va mal te afecta más.

¿Por qué?

Porque ya empiezas a ganar dinero con esto, así que tienes más responsabilidad, además de que los entrenamientos son una obligación, aunque casi siempre lo pases bien. Todo eso me genera un estrés que antes no tenía.

¿Qué quieres que aprendan de ti otros y otras deportistas?

En Mallorca hay muchas niñas que se fijan en lo que hago. En las redes sociales siempre transmito que el hecho de lograr ciertas metas cuesta mucho esfuerzo. También intento reflejar los malos momentos, para que sean conscientes de que a veces las cosas salen bien, a veces salen mal, y es importante saber qué resultados se pueden obtener. Lo que cuenta es que se animen conmigo a salir adelante, sea como sea.

¿Qué entiendes por «esfuerzo»?

Desde que empecé a dedicarme a esto he trabajado día a día. Nunca me había planteado llegar a ningún sitio, ni dejar el trabajo, sino que entrenaba, lloviera o nevara, a mejor o peor rendimiento, y poco a poco he conseguido ciertas cosas que me han animado a ir a por más. Mi objetivo es seguir mejorando, porque aún tengo margen para sacar lo mejor de mí. Lo que quiero es tocar mi techo y, a partir de ahí, mantenerme en ese nivel.

¿De dónde sacas la energía cuando te fallan las fuerzas?

La verdad es que lo hago sin pensar, porque lo tengo que hacer y punto. No me cuesta ni tengo que planteármelo, me gusta ir a entrenar aunque esté lloviendo y hacer lo que me dice el entrenador. Lo que quiero es cumplir.

¿Cuáles son los valores propios del deporte?

Los niños aprenden a tener un hábito y a cumplir con las obligaciones. Eso es importantísimo a esas edades: hacerte la mochila, tener que ser puntual, obedecer... así aprenden cómo hacer las cosas. También se educa la capacidad de sufrir, que las cosas no son fáciles... En el deporte te pasa todo lo que puede ocurrirte en la vida. Es un aprendizaje imprescindible para los pequeños.

¿Crees que han cambiado las cosas desde que eras pequeña?

Tengo la impresión de que los niños, en general, se esfuerzan menos. Les damos todo ya hecho, lo consiguen todo rápido, y se acostumbran a la vida cómoda. Antes las cosas se obedecían a rajatabla, pero ahora somos demasiado permisivos. Hay que encontrar un punto medio.

¿Qué es la deportividad para ti?

He visto muchos casos de gente que, con independencia de lo mayor que sea, no acepta una derrota. Y aunque ganar motiva mucho, lo que de verdad importa es superarte a ti mismo. Si tú mejoras, siempre estarás un poquito más arriba. Fijarse en eso es más útil que enfadarte y abandonarlo todo.

¿Qué necesita un buen entrenador?

Lo principal es confiar en él, saber que los ejercicios que te indica son buenos para ti, son lo que necesitas. Si empiezas a cuestionar lo que te dice el entrenador, es señal de que algo no va bien. También es importante la determinación, que sepa decirte cuando corresponde «esto sí y esto no», y que tú acates las indicaciones.

¿Cómo ves la relación de los padres con los entrenadores?

Cuando era pequeña y patinaba veía a las madres sentadas en las gradas, comentando, diciendo que su hija tal y su hija cual, y creo que deberían quedarse un poco al margen de las carreras deportivas de sus hijos. Deberían animar, sí, e ir a verlos a las competiciones, pero no deberían meterse con lo que dice el entrenador. Son los niños los que tienen que estar contentos, no ellos. A veces meten demasiado el hocico y eso no es beneficioso.

¿Qué recomiendas a niños y niñas que quieran ser deportistas profesionales?
Lo primero es disfrutar, sin eso no llegas lejos. Luego que sigan mejorando, que no dejen los entrenamientos, que se esfuercen, y que persigan sus sueños. Si tienen que trabajar o estudiar al tiempo que hacen deporte, lo mejor es compaginar ambas cosas. Yo lo compaginé muchos años y ahora puedo dedicarme a esto profesionalmente. Nunca se sabe. Muchas chicas lo dejan todo para hacer deporte y después lo abandonan para empezar a trabajar.

¿Y qué les dirías a sus padres?
Muchos padres quieren que sus hijos sean Induráin o Ronaldo, pero también saben que los estudios son importantes, que no puedes centrarte solo en el deporte. Y al revés, que no por estudiar o trabajar permitan que sus hijos dejen el deporte, pues se aprenden muchas cosas que el colegio no da. Los padres deben dejar tiempo y espacio para que los niños puedan hacerlo todo.

La imagen que los medios ofrecen del deporte no siempre ayuda.

Algunos medios dejan las secciones de deportes en manos de periodistas que no tienen ningún interés en ellos, o que no conocen nada. Debería ser al revés: los programas deberían estar en manos de personas dedicadas a ello. Pero cuando miras según qué reportaje sobre atletismo femenino piensas... casi mejor que no lo hagan.

¿Cuál es tu recuerdo más dulce en una competición?

Tengo muy buen recuerdo de mi primer duatlón de larga distancia. Simplemente fui a probar y, de repente, me di cuenta de que iba primera y de que le sacaba ocho minutos a la ciclista que iba detrás de mí... ¡Fue una victoria tan inesperada! Esas son las mejores.

¿Y tu recuerdo más triste?

Fue en atletismo. Intentaba marcar un récord en las Baleares de los diez mil metros en pista, y como consiste en muchas vueltas a la pista, es una prueba muy mental. Lo había intentado una vez y no salió; luego me fui entrenando y un día decidí competir. En las últimas vueltas no podía con mi alma, no sabía cómo iba a terminar, lo pasé fatal. Al final me detuve y me arrepentí de eso durante mucho tiempo. Al cabo de unos días sí que llegué a hacer los diez mil metros, y aunque no rompí la marca, desde ese día no he vuelto a detenerme.

Pedro García Aguado

Exwaterpolista y presentador de televisión
«El deporte me ha enseñado a no rendirme.»

¿Sabías de pequeño que querías dedicarte al waterpolo?
No, empecé a jugar por influencia de mis hermanas, que eran nadadoras y me llevaban a la piscina.

¿Qué te enganchó de este deporte?
Era más divertido que nadar. Solo por eso me cambié de carril en la piscina; pasé del de los nadadores al espacio de los que jugaban con la pelota. Sin pedir permiso.

¿Qué te aportó el waterpolo cuando eras niño?
El deporte me hacía sentirme bien, lo disfrutaba mucho. Aunque el entrenador era muy duro, e incluso reconozco que le tenía un poco de miedo, en la piscina me sentía poderoso.

Y para tus padres, ¿qué crees que significaba el deporte? ¿Era importante para ellos?
Ellos eran deportistas. Mi padre jugaba a balonmano y mi madre había sido nadadora. Para ellos era una forma de vida: estaban muy involucrados en el club, mi madre nos llevaba a las competiciones...

Y te motivaron a hacer deporte.

Como mis hermanas ya estaban entrenando y tenían que ir a las competiciones, mis padres se preguntaban que con quién me dejaban a mí, al pequeño. Y claro, me llevaban consigo. Era más cómodo para ellos.

¿Te resultaba fácil compaginar estudios y deporte?

Sí, sobre todo al principio. Era sencillo encontrar un equilibrio porque todo estaba pautado. Los sábados había competiciones y el domingo había que estudiar.

Cuando te hiciste profesional, ¿cómo te organizabas el tiempo entre tu vida privada y la profesional?

Cuando te dedicas profesionalmente al deporte el orden de tu vida lo marcas por ti mismo, depende de que seas responsable para levantarte, ir a clase, etc. El club no puede dictarte lo que tienes que hacer; no había tal cosa como un tutor o un programa. Yo acabé haciendo únicamente deporte, aunque estaba matriculado en el colegio.

¿Qué has aprendido en la piscina que puedas aplicar a tu vida cotidiana?

El deporte me ha enseñado a no rendirme. Hay campeonatos que se pierden, temporadas muy duras, situaciones que no me gustan, pero a pesar de todo hay que seguir luchando.

¿Hay algo que agradezcas en especial del waterpolo?
Con el waterpolo aprendes a delegar y a ser humilde, entiendes que si tú no llegas a la pelota quizá haya alguien que sí pueda hacerlo. Hay que saber pedir ayuda a los demás.

¿Es importante que los niños aprendan todo esto cuando los apuntamos a hacer deporte?
En esas edades tempranas lo último es la competición. Hay que evitar comportamientos del tipo: «Tengo que ganar para ser mejor que otro» y, en cambio, enseñarles a disfrutar del recorrido. Al principio no lo entienden, es con el tiempo que descubres los valores intrínsecos del deporte.

¿Qué valores son?
Espíritu de sacrificio, levantarte si te caes, compañerismo... Mucho de esto nos lo enseñó nuestro entrenador de Madrid, de la escuela madrileña.

¿Qué os decía?
Aunque nos entrenaba por separado y trabajaba para que individualmente fuéramos muy buenos, nos inculcó que si no jugábamos en equipo no llegaríamos a nada. Cuando nos metíamos en un equipo éramos uno.

Sin importar que unos fueran más buenos que otros.
Claro, porque lo importante no era eso, sino entrenar duro. Lanzar muchas veces, trabajar lo suficiente, ser un poco

loco del deporte, siempre formar parte de un conjunto. Jamás pensábamos que uno era todo el equipo.

¿Cómo era el ambiente en las competiciones? ¿Había respeto hacia los jugadores, los entrenadores...?
Mis padres no solían venir ni a los entrenamientos ni a las competiciones. Más tarde lo entendí: había personas en las gradas que estaban criticando todo el rato a los otros compañeros, que decían que su hijo era el mejor y tenía que destacar, etc. Mis padres no eran de comparar ni competir, así que no me intoxicaban con esas cosas.

¿Y los jugadores se respetaban entre sí?
Claro. Entre nosotros sí, y el entrenador estaba absolutamente al margen de lo que decían los padres. Me acuerdo de que una de las piscinas tenía las gradas muy elevadas así que casi ni se oían los gritos y los padres no podían tocar al entrenador.

¿Se sube el éxito a la cabeza si llegas a la élite?
Depende de la personalidad de cada deportista; algunos lo manejan mejor que otros. Hay quien tiene problemas por falta de autoestima y necesitan reconocimiento externo, por lo que es muy importante que les digas que son diferentes.

¿Y la educación puede influir en eso?
Por supuesto. Mis padres no me querían más por jugar a wa-

terpolo. Ya te digo, no daban mucha importancia a mis triun-
fos. Mi padre jamás me felicitó por ganar medallas de oro.
En cambio sí me lo dijo cuando me recuperé de mi adicción.
Se sintió muy orgulloso cuando al fin pude vivir mi vida.

¿Qué querían tus padres?
Que fuera feliz y una buena persona. Que dejara de hacer
el canelo.

¿Te sentías presionado a la hora de jugar?
Sí, claro. De niño no sentía presión porque me divertía mucho. Cuando llegué a nivel profesional, la responsabilidad y
mis problemas personales impedían que disfrutara tanto
como antes. Es entonces cuando empiezan las inseguridades. Lo cierto es que seguí disfrutando pero de otra manera.

¿Qué te preocupaba entonces?
Ganar, porque ganas dinero por los éxitos, y la sensación
de que siempre hay alguien que quiere quitarte el puesto, etc. Para mí disfrutarlo fue difícil, básicamente porque
sabía que no estaba haciendo las cosas bien fuera del agua.
Pero cada uno lo experimenta a su manera. Muchos compañeros seguían pasándoselo en grande.

Entiendo.
Por suerte me motivaba la ilusión de hacer cosas nuevas,
de continuar jugando y seguir compitiendo.

¿Cómo sobrellevas ahora el estrés?
Lo llevo mal cuando lo que estoy haciendo no me gusta, o cuando no le veo sentido. En cambio, el estrés de hacer presentaciones y dar conferencias me estimula. La presión, cuando algo te gusta, no es presión.

¿Sufren nuestros hijos demasiada presión en el deporte?
Sin duda. Les impedimos disfrutar. Hay chicos de once o doce años que ahora se sienten igual que yo cuando estaba presionado por ganar. Eso es muy perjudicial.

¿Por qué crees que los niños deben practicar deporte?
Porque se lo pasan bien, eso es lo primero. Tiene que ser un momento divertido en el que dejar de pensar en el colegio, las obligaciones y todas esas cosas. Además, el deporte estimula la segregación de endorfinas, en concreto la dopamina, y eso te hace sentir bien de forma natural. Pura química.

Eso en cuanto al cuerpo.
Exacto, en cuanto a la mente aprendes cosas en movimiento, en vez de estar sentado ante una pizarra. Aprendes normas, límites, reglas del juego... y descubres partes de ti que te hacen sentir mejor.

¿Tus hijas son deportistas?
Fíjate, a la mayor le gustaba jugar a tenis y disfrutaba compitiendo. Lo que no le gustaba era el entrenamiento físico. Pero ocurrió que no fueron capaces de motivarla. Perdió

las ganas de hacer deporte porque el entrenador a veces ni se presentaba a los partidos.

Y la pequeña...

A la pequeña le encanta el deporte. Hace hípica. Lo que más disfruta es cuando se supera a sí misma. Se marca metas y se reta a sí misma para alcanzarlas.

¿Cuál es el papel de un buen entrenador?

Tiene que enseñar a exigirte y a superar tus limitaciones. Pero también ha de estar a tu lado y reconocerte cuando has conseguido logros. Es importante contar con un entrenador que te indique dónde fallas (si es que fallas), pero sobre todo para que te dé herramientas para mejorar.

Cuéntame algún ejemplo.

A mi hija le dice que cuide al caballo, que después de hacerlo saltar le ponga vendas en los tendones, que lo deje atendido, y que su actitud sea positiva aunque no le salgan bien los ejercicios. Educación hacia el caballo y educación hacia sí misma.

Un entrenador lo cambia todo.

Cuando los niños salen a competir, veo a entrenadores que les gritan: «¡Dale! ¡Venga!», y en cambio la entrenadora de mi hija le explica cómo colocar bien la montura, cómo tiene que cabalgar, le recuerda que no le dé con la fusta... Le preocupa más educar que ganar.

¿Qué le dirías a un niño que quiera competir?

Si quieres dedicarte a esto tienes que esforzarte al máximo. Que en cada entrenamiento lo dé todo, que imagine que está compitiendo. En cambio, en las competiciones reales hay que ser más inteligente y calculador.

¿Y a los padres?

A ellos les recordaría que el niño tiene que ser él mismo. Es importante dejarle ese espacio. Por lo tanto los padres deben valorar el esfuerzo, sobre todo si el niño disfruta, en lugar de fijarse en el resultado. Hay que dejar que sea el entrenador quien le guíe en el proceso de aprendizaje y competición.

No sobreproteger ni presionar.

Algunos padres proyectan sus frustraciones en los hijos y, como se sienten fracasados (lo cual no significa que lo sean), quieren impedir a toda costa que los chavales fracasen. Y a lo mejor a su hijo no le gusta el deporte. Lo sobreprotegen mal, y lo presionan para que haga cosas que no le interesan. Hay un amor irresponsable.

Entonces los padres tienen que enfocarse en...

Educar a su hijo para que sea feliz. Si lo apuntan a un deporte, que lo hagan con el objetivo de que se lo pase bien y que aprenda valores como la disciplina, la perseverancia... En cambio, si lo inscriben porque no tienen con quién dejarlo por las tardes, al niño no se le puede pedir nada.

¿Ayudan a educar los medios de comunicación?

La gran mayoría de titulares deportivos solo tratan de deportistas que se saltan las normas o que no pagan impuestos. Se habla más de fiestas y descontrol que de esfuerzo, perseverancia y respeto, así que la imagen que ofrecen del deporte está distorsionada. Hay mucho sensacionalismo.

¿A qué se dedica un deportista profesional cuando se retira?

Algunos llevan los deberes hechos: han gestionado bien sus cuentas, han llevado una vida sana, y se ponen a trabajar en el mundo del deporte, o establecen sus negocios. Hay otros deportistas que no supieron sentar cabeza y desaparecen de la vida pública porque no saben hacer otra cosa.

Llevar una vida equilibrada...

Sí, es importante seguir formándote mientras llevas adelante tu carrera deportiva. Pero fíjate que esta en sí ya es una formación especial, que no recibes ni en las escuelas de negocios ni en las universidades. Es una educación en valores, disciplina, constancia, espíritu de sacrificio...

Son asignaturas que no existen en los planes de estudios.

El sistema educativo no está preparado para acoger a un deportista de élite que viaja constantemente y se pasa muchas horas compitiendo. Compaginar los estudios y una carrera profesional es difícil. Aunque se puede hacer. Pero a los cracks que consiguen ambas cosas puedes contarlos con una mano.

¿Y qué habría que hacer?
Un plan de estudios preparado para deportistas, como en Estados Unidos. Si tienes un equipo de rugby, asegúrate de que todos los jugadores cuentan con acceso a una buena formación. Se trata de unir el deporte a la educación y de aprovechar los valores intrínsecos de la actividad deportiva.

Aroa González

Capitana de la selección española de rugby

¿Cuándo empezó tu pasión por el deporte?
Ya de jovencita me gustaba el ejercicio físico. De los seis a los catorce años hice gimnasia rítmica, después me metí en el rugby gracias al profesor de tecnología, que nos avisó de que habían abierto un equipo de rugby sub-18 y que subiría la nota a quien se pasara un día para probar.

¿Tu familia te apoyó?
En cuanto al deporte, sí; siempre quisieron que me moviera mucho. Pero el rugby no les gustaba. Decían que era un deporte de hombres, que llegaría a casa con la cabeza escayolada, y no ayudaba nada que regresara siempre con moratones. Mi madre llegó a no lavarme la ropa de rugby para que me diera vergüenza ir sucia, y con un poco de suerte se me pasarían las ganas de regresar.

De la gimnasia rítmica al rugby.
Sí, de ir repeinada, limpísima y siempre estirada, me pasé a un deporte de barro, de mucho contacto físico... Mis pa-

dres solo vinieron a verme dos veces. Una de ellas, cuando me retiré del equipo de rugby del INEF.

¿Tuviste algún referente en el rugby?
La verdad es que no. Lo que me enganchó a este deporte fueron sus valores, el compañerismo, la sensación de equipo... Me sorprendió muchísimo que en el tercer tiempo el equipo local invitara a comer al de fuera. Yo pensaba: ¿Cómo voy a comer o hablar con ellas si acabo de pelearme?

¿Y qué tal fue la experiencia?
Genial, porque ahí descubres que todo queda en el campo. Hay un intercambio de opiniones y ya está, no hay que darle más vueltas.

¿Eres referente para tus sobrinos?
Mucho. Es curioso porque mis sobrinos ven en mi marido al «hombre»: desde muy joven jugó a rugby profesionalmente, ha estado en equipos importantes, y tenían muy asumida la idea de que el rugby era cosa de hombres. En cambio, cuando me vieron jugar en la selección, como capitana del equipo, y mi nombre salía en la tele, empezaron a decir que yo era la mejor, que yo «mandaba».

¿Qué te gustaría que sacaran de ti?
Hmmm... el esfuerzo, darse cuenta de que las cosas no llegan gratis. Que en esta vida hay que luchar por todo. Que si se te da bien algo, tienes que entrenar para ser mejor.

Y si no se te da tan bien, debes intentar mejorar y disfrutar de lo que te gusta. No tienes que ser una estrella para pasártelo bien con lo que hagas.

¿Por qué crees que los padres apuntan a sus hijos a hacer deporte?

Antes a ningún padre se le pasaba por la cabeza que algún hijo pudiera jugar en la selección nacional, o que fueran estrellas del deporte. Hoy en día muchos padres piden a sus hijos que sean sobresalientes para el mundo, sin enseñarles valores importantes, como que lo primero es divertirse, y lo que tenga que venir vendrá.

Presionamos demasiado.

Una de mis sobrinas tiene nueve años y juega al baloncesto. Alguna vez he visto a mi hermano gritándole por haber fallado una canasta, y tuve que echarle la bronca porque perdía de vista que lo importante es que la niña disfrute del deporte. Le dije que si seguía así, su hija acabaría odiando que fuera a verla.

¿Se piden cosas diferentes a chicos y chicas?

A los chicos siempre se les pide más, que hagan un deporte, a ser posible fútbol. Con respecto a las chicas, se piensa que es mejor que no se metan en estos mundos. Siempre ha sido así. Cuando estábamos en el colegio, muy pocas niñas jugaban a fútbol durante el recreo. Y muchas venían a las clases de educación física maquilladas y con pendientes.

¿Es bueno fomentar la competitividad en los niños?

Creo que no. En lugar de competir habría que enseñar compañerismo, que hay muy poco, y tratarnos a todos igual, como si no existieran Messis ni Cristianos. En el fútbol veo que muchos padres idolatran a un niño porque hace dos regates resultones. En cambio, no hay respeto por el contrario. Y es un valor que deben trabajar los padres, es algo que se trae aprendido de casa.

¿Algún caso que puedas explicar?

He visto que algunos padres insultaban a niños de seis años. Es el pez que se muerde la cola: si los niños ven que sus padres insultan a los otros, pensarán que hacerlo está bien. Es cuestión de tiempo que ellos se pongan a chillar también. Habría que hacer todo lo contrario, y dar prioridad al respeto y a la diversión.

En el deporte se pueden aprender muchas cosas.

Se trata del momento en el que los niños salen de clase, de su rutina de estudios diaria, y pueden desahogarse. Ir con chicas a tocar balón, a placar, o a hacer cualquier deporte que hubiera elegido yo, me servía para liberar energía y sentirme más contenta.

¿Y eso lo mantienes?

Por supuesto, de mayor sigo disfrutando de eso. La hora y media de entrenamiento es mi tiempo de desconexión de todos los problemas: de alguna discusión con mi marido, o de algún asunto del trabajo... Una llega de mala leche, entonces otra suelta una broma y ya empiezas a reír. Gracias a estos momentos podemos desconectar y disfrutar.

Con una cierta libertad.

Claro, si a un niño le metes presión acabará considerando el deporte como una obligación. Muchas chicas que en su momento fueron atletas de alto rendimiento abandonaron el deporte por la presión, porque desde bien pequeñas sus padres las presionaron. En cambio en el rugby hay buen ambiente y muchas se han enganchado por eso.

Hay que huir de la presión.

Ningún niño tiene que especializarse en ningún deporte, más bien han de probarlos todos, porque de lo contrario se encasillan, o más bien los encasillamos, y les impedimos experimentar con otras actividades. No hay que dejar que el físico dictamine a qué debe jugar un niño. Además de que cada edad tiene sus particularidades, y a un niño no puedes limitarlo.

¿Cómo sales adelante en esos momentos en los que te falta energía o ánimo?

Durante muchos años entrené sola, en el gimnasio, y cuando ya no podía más pensaba que seguramente había otra chica haciendo lo mismo que yo. También me motivaba pensando en metas y objetivos, como la Copa de la Reina. Pero más importante que eso, me esfuerzo para ser ejemplo y modelo.

Como capitana del equipo nacional de rugby eras objeto de todas las miradas.

En nuestra sociedad hay muchos jóvenes que se guían por la ley del mínimo esfuerzo. Algunas jugadoras de rugby también son así. Las llamo las «ninis» del rugby. Últimamente ocurre con frecuencia que otorgan becas por tener cualidades físicas, y se reciben más de mil euros al mes sin haber entrenado, sin haberse esforzado. Entonces tienes a niñas de diecisiete años que reciben ese dinero sin haber peleado por él, con lo cual no aprenden qué significa esforzarse por alcanzar un objetivo.

Y con tu ejemplo quieres mostrar lo contrario.

Intento mostrar humildad y esfuerzo. Cada mañana me levanto para ir a trabajar, estoy contratada en una fábrica de coches y levanto chapas, llaves inglesas de metro y medio, muevo grúas... y después, a entrenar, esforzarse y luchar.

¿Qué opinas de las redes sociales?

Yo soy mediática, pero no me gusta salir en entrevistas ni reportajes. En cambio algunas chicas se pelean porque una sale más veces en las redes sociales, la otra menos, a una le prestan más atención... Pero se olvidan del motivo por el que practican este deporte: sus compañeras, la diversión, el equipo... y no las redes sociales.

¿Cómo cambia la vivencia del deporte cuando ya has dejado atrás la veintena?

Un cambio enorme es la madurez. De más joven me valía

de la mala leche y de la fuerza para ser de las mejores, pero era muy perezosa. Parecía casi un diamante en bruto. Con veinte años crees que tienes todo el tiempo del mundo y te sobra mucha soberbia. Ahora pienso que si hubiera entrenado mejor, o si me hubiera esforzado un poco más, habría disfrutado el doble de cada momento.

Ahora eres más regular.

Sí, antes pensaba: ¿Pesas? ¿*Pa'* qué? Cualquier excusa era buena para no ir a entrenar. Ahora en cambio no se me pasa por la cabeza saltarme el entrenamiento.

¿Qué debe transmitir un buen entrenador?

Un entrenador, para mí, es como un psicólogo, porque cada persona ha vivido cosas diferentes y tiene intereses distintos. Por ejemplo, a mí me gusta que me digan la verdad, con franqueza, si he jugado bien o si he jugado mal. Pero no todo el mundo es igual. El entrenador debe lidiar con las jugadoras para sacar lo mejor de cada una. Si empiezas a machacar a una jugadora a la que no le gusta la presión, acabarás por destrozarla y anularla. Entonces seremos una menos.

Y al revés.

Exacto, si una chica necesita que le grites dos palabras más alto de lo normal para rendir al máximo, tienes que hacerlo. Porque si solo le dices que lo hace todo bien no rendirá tanto como puede, se quedará en «jugadora correcta», y con eso no basta, tienes que sacar lo mejor.

¿Qué entrenador o seleccionador te marcó?

Uno de mis entrenadores decía que siempre es buen día para entrenar. A veces gritaba que su abuela, con una cadera rota, corría más que cualquiera de nosotras. Era un loco del ejercicio físico. Gracias a él me fijé en que uno sabía qué equipo estaba en mejor forma física en los últimos veinte minutos de la competición, y el que llegaba mejor hasta el final era el que se llevaba el gato al agua.

Markel Irizar

Ciclista profesional del Trek-Segafredo
«La familia viene de serie, pero a los amigos
hay que mimarlos mucho.»

¿Cómo te enganchaste al ciclismo?

Mi padre era muy aficionado al ciclismo. Por aquel entonces existía el equipo Fagor, de los chocolates, y el patrón era muy amigo de mi padre. Solíamos ir a las presentaciones y tal. En esos años yo era atleta, y éramos muy pocos. En cambio en ciclismo había mucho ambiente y pregunté a mis padres si podían comprarme una bici. Ellos dijeron que si se trataba de deporte, lo que necesitara.

¿Qué aprendiste de tu familia?

Antes mi padre me daba muchos consejos, pero yo por aquel entonces no le hacía mucho caso. Ahora últimamente suelo sacármelos de la chistera, y recuerdo en especial un día en el que dijo que la familia no te falla, porque viene de serie. Mi madre no dejará de quererme, aunque la haga muy gorda. Luego a los amigos hay que mimarlos mucho, preocuparse por ellos... Intento inculcar eso a mis hijos.

Cuidar la vida social es importante.

Estudié en un colegio de monjas, y allí las hermanas solían decir que tenían un hermano como gerente en una empresa u otro pariente como director de no sé qué. Eso no me gusta nada. Yo les preguntaría: Pero ¿es feliz? ¿Tiene amigos? ¿Tiene vida social? ¿No? Entonces, ¿de qué me vale?

¿Cuál era la actitud de tus padres hacia el deporte?

Quizá está mal que lo diga yo, pero lo hicieron perfecto. Me han apoyado muchísimo, nunca me han corregido ni se han metido, han dejado que los entrenadores me dirigieran, y siempre han estado dispuestos. Me han ayudado todo el tiempo a tener los pies en el suelo. Solo puedo estarles agradecido.

¿Intentas ser como ellos?

Trato de ser el padre taxista. Jamás le digo a mi hijo cómo tiene que hacer las cosas. Sí le digo que se esfuerce, y que disfrute, pero no que sea más agresivo o que le dé más fuerte a la pelota. Para eso está el entrenador. Yo soy el padre, y tengo que enseñarle a ser agradecido, a valorar, a ayudar al más débil. Incluso en el deporte intento que forme parte del equipo, que se implique y que cumpla con los compromisos que ha escogido, pero no le digo que haga tal o cual cosa. Para los aspectos técnicos está el entrenador.

¿Un ejemplo?

Si mis hijos son ciclistas, jamás seré su entrenador o su mánager. Buscaré al que mejor pueda hacerlo, y si además nos
hacemos amigos, perfecto. Pero mi función no es entrenar.

¿Tenías algún modelo deportivo de pequeño?

Habrá muchos que ganaron lo mismo que Induráin, cinco
tours, o incluso más, pero Induráin es un gentleman, encima
de la bici y también cuando se baja de ella. Valoro mucho a
la persona en sí, más allá del hecho de ganar. Por eso soy
muy fan de Purito, porque es muy cercano, muy simpático.
El deporte también consiste en transmitir unos valores.

¿Qué te aportó el deporte de pequeño que hayas aplicado a tu vida?

Un montón de cosas que deberían enseñarse más en las
escuelas, empezando por la disciplina y el orden. Si no en-
trenas, nadie lo va a hacer por ti. Ya puede mi abuela poner
velas a la virgen, pero si no entreno ya sé qué puedo esperar. Se necesita disciplina en cuanto al material, además de
en cuanto a mis piernas, a cuidarte, a organizarte...

Ya desde jóvenes.

Un ciclista aprende eso mucho antes que otras personas de
su edad. Yo empecé en el equipo de cadetes, y no disponía
de un entrenador que controlara si me ejercitaba lo suficiente o no. Hoy en día tampoco tengo a nadie controlán-
dome.

¿Y eso es propio del ciclismo?

Un futbolista suele trabajar con su entrenador, que le dice: «Corre para aquí, ahora haz esto»... Los ciclistas no siempre disponen de ese apoyo. La suya es una disciplina voluntaria. Como querer sacarse una carrera. Además, el ciclismo tiene otros valores.

Que son...

Para empezar, estás en contacto con la naturaleza; es un deporte en el que nos ayudamos mutuamente, y nos puede tratar el osteópata de otro corredor... Son valores muy positivos.

¿Te gustaría que alguno de tus hijos fuera ciclista?

Si alguno de mis tres hijos quisiera ser ciclista lo apoyaría a tope, aunque quiero que se trate de su decisión, no porque el *aita* se lo haya dicho. Mi objetivo es que sean felices y que escojan su trayectoria. Si disfrutan la mitad de lo que disfruto yo, es señal de que van por buen camino. De momento ya hemos visto que les encanta leer y tienen facilidad para pintar.

¿Preguntáis al colegio qué les gusta?

Claro, pero hacemos algo más importante que eso: preguntamos al colegio por sus amigos, por sus relaciones personales y sociales. Los profesores suelen mirarme sorprendidos de que pregunte esas cosas, y yo les digo que no me sirve que los niños trabajen mucho si después no tienen con quién tomarse un café.

¿Qué más te ha enseñado el ciclismo?

En cuanto a los idiomas, me ha permitido aprender inglés e italiano, y viajar me ha abierto mucho la mente. He conocido a mucha gente que después me ha enseñado infinidad de cosas.

¿Crees que hay respeto en el ciclismo?

En el ciclismo uno quiere ganar, sí, pero no deseas el mal de otra persona. Quizá eres fan de un ciclista, no de un equipo. Todo eso hace que no se produzcan los gritos o los insultos habituales en otros deportes. Me gusta la pureza del ciclismo; sus valores deportivos siguen muy presentes.

¿Sufriste presión de niño?

Era buen estudiante. Estudié solamente un módulo porque tiré fuerte por la bici; era lo que se llevaba en esa época. Estaba entre INEF y empresariales y no hice ninguna de las dos. Aposté por el ciclismo y me salió bien. He sido feliz. Eso quiero que sientan mis hijos, felicidad.

Y ahora, ¿sientes presión en tu equipo?

Sí, pero viene de mí. Aun con mis limitaciones, me exijo mucho, y el día en que no pueda hacerlo así, me retiraré. Y empezaré algo que sepa que puedo hacer con pasión. El día antes de una carrera sigo poniéndome nervioso, porque lo vivo como si fuera mío.

¿Se sube el éxito a la cabeza?

No es sencillo sobrellevar el éxito desde muy joven. Es fácil perderte si no tienes valores. Más que el dinero, el principal factor es que se endiosa a los deportistas. Ocurre lo mismo con los músicos o los actores. Pero el ciclismo es demasiado sacrificado para que se suba a la cabeza. Un ciclista es muy vulnerable: a cualquiera le puede caer granizada encima o a todo el mundo se le puede romper la bici, así que debes ser capaz de pedir ayuda.

¿Qué opinas de los medios de comunicación acerca del deporte?

Creo que los medios deberían insistir más en lo que está bien y lo que está mal; que cierto personaje haga algo no significa que sea bueno de por sí. Veo que los futbolistas hacen ciertos gestos cuando marcan un gol y me da rabia que mis hijos hagan lo mismo. No me gusta lo que transmiten. Los deportistas debemos tener cuidado con esas cosas, no tenemos en cuenta que nos están mirando muchas personas.

Hay que ser más consciente.

Tenemos una responsabilidad para con las generaciones que vendrán después.

¿Qué hacer cuando quieres ser ciclista profesional y no llegas?

Resulta frustrante, claro, pero hay que estar en paz con tu conciencia. Si lo has intentado y lo diste todo, con eso ya basta. Me hubiera gustado ser Purito. O un cantante francés que tocara la guitarra. Hay que asumir que no podemos lograrlo todo en la vida. Con esfuerzo se consiguen cosas, pero no todo. Hay una canción de un grupo euskera que dice que «Si tú me lo pidieras, robaría todas las noches la luna». Si mi hijo me la pide, intentaré dársela, pero lo más probable es que no lo consiga.

¿Cómo gestionas la frustración?

A veces me pongo muy tremendista cuando algo no me sale bien en la bici, pero luego pienso que la vida tiene muchas cosas por dar y que ya volveré a intentarlo otro día, o que debo aceptarlo y pasar a otra cosa. Mi mujer es muy tranquila, sabe ver el lado positivo de todo. Es un bálsamo para mí, me pone en mi sitio y me ayuda a entender las cosas. He tenido la suerte de proyectar expectativas con mi pareja, y cumplirlas. Me transmite muchas cosas que me hacen bien.

Y cuando estuviste enfermo, ¿qué te ayudó a salir adelante?

Considero que soy poco quejica. Hace dos años me caí en el tour, y cuando mi mujer avisó a mis hijos, uno de ellos dijo: «Estate tranquila, *ama*, que el *aita* es más duro...». Mis hijos tienen ese concepto de mí. Me gusta que tengan esa imagen. Creo que esa actitud será un buen ejemplo para ellos. El deporte ayuda mucho a mantenerse luchador.

Ernesto Mañanes y Jesús Ruiz

Entrenador de los infantiles en el Club Ciclista Sant Boi,
y presidente y director deportivo del Club Ciclista
Sant Boi, respectivamente
«El deporte te enseña la importancia de llevar una vida sana.»

¿En qué consiste vuestro trabajo en el club?
Jesús: Proporcionamos a los chavales de quince y dieciséis años los recursos para competir a cierto nivel en el ámbito nacional, siempre con una filosofía de la formación, en consonancia con la edad, y uniendo tanto la parte deportiva como la personal.
Ernesto: Me veo como un animador. Mi objetivo es conseguir que los chavales se involucren en este deporte, que les entre el gusanillo. Y acompañarles hasta que se topen con Jesús en las categorías superiores, pues ahí ya empiezan a tomar contacto con la vida real del ciclista.

¿La vida real?
Jesús: La parte más bonita del trabajo en el club quizá sea la de gestionar los equipos, es decir, ver cómo los chicos casi profesionales crecen y empiezan a competir. La tarea más difícil es la de Ernesto, la de contención: trabajar con chavales y sus familias para saber quién desea ser ciclista de verdad, quién despunta, quién quiere pasar a categorías

superiores. Los niños y las familias se hacen ilusiones rápidamente, pero entonces la bici exige más horas, y al mismo tiempo aprietan más en el colegio, y saber compaginarlo no siempre es fácil. No hay que precipitarse.

¿Quisisteis ser ciclistas profesionales?
Ernesto: Yo dejé de correr en el campo amateur, como tanta gente que se da cuenta de que ese no es su lugar. Has disfrutado de la bicicleta hasta que alguien te dice que siempre habrá gente por delante de ti, entonces decides si quieres seguir con tu vida académica, laboral, de pareja...

¿Y cómo empezasteis a trabajar en el club?
Ernesto: En mi caso practicaba ciclismo pero acabé colgando la bici. Cuando dejé de correr me pasé un año sin querer ver una bici. Luego me dediqué a ayudar a los equipos deportivos, pero como no había medios suficientes también tuve que buscar patrocinadores. Me lo tomé como un reto personal.
Jesús: Por mi parte recibí el club como herencia de mi padre, y mis colaboraciones puntuales de entonces acabaron convirtiéndose en la gestión del club ya de manera profesional.

¿Tenéis recuerdos de ese momento?
Ernesto: Recuerdo a Josemi (José Miguel Carrero, que dirigía la escuela, hace tiempo, con Adolfo Moreno) que, cada sábado, antes de salir con la bici, nos hablaba de la

preparación, de los entrenamientos, y contagiaba su entusiasmo. También me acuerdo de Jesús sentado encima del maletero de su coche apuntando en una libreta los tiempos y los resultados de cuando corríamos contrarreloj en la Zona Franca.

¿Qué os aportó el ciclismo?
Jesús: El ciclismo me forjó como persona. En ese entonces no disponíamos de los medios que tienen los chavales de hoy, que con quince años ya cuentan con la infraestructura casi de un profesional. Mi padre me dijo que no me compraría los pedales automáticos hasta que me subiera a un podio, y tuve que ganar para que viajara a Andorra a comprármelos.
Ernesto: Me aportó muchísimas cosas, pero hoy destacaría el aspecto laboral. Las horas de esfuerzo, de soledad, de pasión, que pasas encima de la bici, acabas llevándotelas al mundo de los negocios.

Te da algo extra que no aprendes en otros sitios.
Jesús: Sí, recibes un plus, pues te enseña no solo a tener un objetivo, sino a pelear por él, y a caerte y seguir peleando. Hoy en día un chaval pide unos pedales y al día siguiente su padre se los compra. En cambio el ciclismo te enseña que las cosas no son inmediatas.

¿Los chicos de hoy están sobreprotegidos?
Jesús: Los chavales de ahora tienen sueños, y se los solucionamos antes de que tengan oportunidad de luchar por

ellos. Se acostumbran a recibirlo todo hecho, y la vida real no funciona así. Las carreras se ganan pedaleando más rápido que los demás. Y en el mundo laboral obtienes un buen puesto trabajando mejor que los otros. Si quieres trabajar por tu cuenta tienes que ser más imaginativo, moverte a tu manera y dedicarle muchas horas. El deporte te da todo eso, luego debes ser capaz de extrapolarlo.

Lo que dices es interesante de cara al futuro.
Jesús: En las empresas interesan mucho los perfiles de personas que han realizado deportes de resistencia bastante duros, porque es gente que sabe enfrentarse a los problemas y salir adelante. Eso es vital.

¿Cuesta compaginar deporte y estudios?
Ernesto: Compaginar la bici y los estudios se hace complicado cuando empiezas a tener una edad. Los estudios exigen su parte, pero también lo hace la bici, que en ocasiones te pide entrenamiento los siete días de la semana. Y el tema es que ambos tienen que compartir el tiempo con el móvil, la consola, las series de TV... Antes era más fácil dar abasto.

¿Cómo es la relación entre padres y entrenadores?
Jesús: Antes el padre o la madre sabían que el entrenador era el tutor o el mentor, y dejaban que hiciera su trabajo. Hoy en día los padres están muy pendientes del niño, forman parte de su entorno vital y de su proceso de aprendi-

zaje, les preocupa que le echen broncas, que se deprima...
Eso dificulta la parte de enseñanza.

Eso era impensable hace tiempo.
Jesús: Mis directores solían decir: «Los padres, cuanto más
lejos, mejor». Suena duro, pero claro, el padre no interfe-
ría, y si tenía dudas se dirigía al responsable del niño. Hoy
tienen miedo de que su hijo «se frustre». Pero lo cierto es
que un niño y un adulto, para aprender, tienen que frus-
trarse.
Ernesto: Es curioso que los padres que han competido de
jóvenes tengan una actitud hacia el deporte muy diferente
de aquellos que no lo han hecho. Los primeros dan más
libertad al niño y al entrenador.

¿Cuál es la función del entrenador?
Ernesto: Mantener la llama, el gusto por el deporte y, al
mismo tiempo, no dejar que se ilusionen sin motivo, además de equilibrar las ganas y la fantasía con la realidad del
ciclismo. Enseño que el ciclismo no acaba a los trece años,
que no es fácil y hay que trabajar mucho.
Jesús: En este sentido echo de menos la imagen del mentor
deportivo en las categorías de base. El adulto que se encar-
gue de guiar a los niños tiene que poder empatizar, saber
cuándo tirar de él y cuándo soltar... Nos centramos mucho
en la técnica, tanto en ciclismo como en fútbol, pero la gestión psicológica de los momentos complicados siempre
queda a medias.

Es una función que suele olvidarse.

Jesús: Mucha gente lleva equipos, pero no son gestores de personas. Hay que saber ir más allá del simple rendimiento. Volcarse personalmente en los chavales da frutos. Este año hay jóvenes ganando carreras que de pequeños no llegaron al podio.

¿Cómo se relacionan los padres entre sí?

Jesús: A nivel general los padres se comportan mejor los unos con los otros. Recuerdo que un padre se acercó al mío para pedirle una rueda para la bici de su hijo, porque había pinchado, y agregó que mi hermano era tan malo que por mucho que se esforzara no conseguiría nada. Algo así, hoy en día, no lo contemplo.

Ernesto: Puede haber fricciones, porque la convivencia tiene sus problemas, pero el ambiente es bueno. Creo que la exigencia del deporte te hace más sensato a la hora de hablar, discutir y apoyar a tus hijos. En cuanto a la relación entre técnicos de distintas federaciones, se ven cordiales, a todos los niveles: en la carrera, después de ella...

¿Qué es lo importante en el deporte?

Ernesto: Nosotros peleamos por que los niños permanezcan encima de la bici el mayor tiempo posible. Desde nuestro punto de vista no debemos exprimir a nadie ni exigir demasiado físicamente ni en cuanto a resultados, porque sabemos que los chavales están en edad de crecer, formarse y pasarlo bien.

¿No hay que presionar?

Jesús: Un adulto sabe que los niños aguantarán lo que les eches, porque tienen ilusión y energía, pero a los niños hay que tratarles como lo que son, y forzarles no es saludable tanto por aspectos del desarrollo físico como por cuestiones psicológicas. Te arriesgas a forzarles demasiado y que después se cansen o no sepan gestionar el fracaso.

¿Y si quieren ser profesionales?

Jesús: Los que tengan que ser profesionales, lo serán, sin ningún tipo de duda. Y los que no, al menos habremos conseguido que se pasen un montón de años vinculados al deporte y que, cuando dejen la bici y salgan de copas, lo harán con aquellos del club. El deporte te enseña la importancia de llevar una vida sana. Los padres deberían valorar eso por encima de cualquier otra cosa.

Javier Moracho

Profesor de Educación Física y exatleta olímpico
«Las gestas deportivas no me sirven si no van unidas
a ejemplos de deportividad.»

¿Cómo empezó tu carrera deportiva?
Soy de Monzón, provincia de Huesca. Siempre me gustaron las actividades físicas. Entre los deportes, me gustaban el atletismo, el ciclismo, el fútbol y especialmente el balonmano. Después estaban los juegos populares, como las carreras de sacos o saltar acequias, y también repartir leche en el pueblo después de que mi abuelo, campesino, hubiera ordeñado.

¿Sabías, ya de niño, que querías dedicarte al deporte profesional?
No, solo pensaba en divertirme haciendo lo que me gustaba. El deporte al principio es un juego; si después logras hacer de ello tu profesión, eres muy afortunado.

De joven, ¿cómo alternaste los estudios y el deporte?
A los quince años me vio un entrenador y me dieron beca para ir a entrenar al Centro de Alto Rendimiento de Barcelona, la Residencia Blume. Cuando llegó la carta mi padre

solo me puso una condición: tenía que estudiar, de lo contrario no me dejaría ir. Acepté y empecé a sacar mejores notas.

¿Qué es competir para ti?

Sentir la adrenalina que corre por tu cuerpo cuando compites. En mi disciplina la notas sobre todo en el momento de la salida, cuando el juez dice: «A los puestos». Ese es el mejor instante de la competición. Y algunos ganan o pierden la carrera en ese preciso momento.

¿De qué depende?

Saber gestionar la tensión es fundamental para obtener un buen resultado. A veces usaba unas zapatillas de clavos para estimularme mentalmente en las competiciones. Así, cuando me las calzaba, pensaba: hoy es un día especial, toca competir, ¡a tope!

¿Qué significó para ti convertirte en un deportista de éxito?

Fue una oportunidad de esas que se presentan una vez en la vida, y la aproveché. Cuando hice la mejor marca Europea del año en los ciento diez metros vallas gané una beca que me permitió estudiar en una universidad de Estados Unidos. Que me llamase la Washington State University para decirme que había ganado el PAC10 y me ofreciera una beca de estudios que me permitiría formar parte de su equipo de atletismo... fue algo impensable para un chico de familia humilde.

¿Recuerdas qué te aportó de pequeño el deporte en general, y tu especialidad en particular?

El deporte me ha hecho conocerme mejor y llevar una vida sana. Gracias al deporte pude viajar por los cinco continentes participando en lo que ahora es la Diamond League. Los ciento diez metros vallas son como una pieza de relojería donde cada paso y movimiento tiene que estar milimetrado y no se pueden cometer errores, pues hay que ser sumamente preciso con la técnica cuando te mueves a máxima velocidad.

¿Qué significaba el deporte para tus padres?

Ellos nunca hicieron deporte reglamentado, pero mi padre picó mucho en el campo, lo cual se parece bastante a un buen deporte. Me apoyaron y me dejaron hacer lo que me gustaba. Solamente les preocupaba que dejase los estudios por el deporte. Pero se pueden hacer las dos cosas sin problemas.

¿Recuerdas algún consejo que te dieran tus padres durante los entrenamientos?

Como no habían sido deportistas no podían aconsejarme en ese sentido. Tuve la suerte de que en la Residencia Blume me tocó el mejor entrenador y formador que podía tener. Jaime Enciso fue como un padre para mí. Un día, cuando tenía dieciséis años, me vio preocupado durante el entrenamiento y le comenté que al día siguiente tenía un examen y no lo llevaba bien preparado.

¿Qué te respondió?

Me dijo: «Javier, deja el entrenamiento y ve a estudiar, que eso es más importante». Regresé contento a la Blume pensando que ese entrenador y yo íbamos a llevarnos muy bien. En los diecisiete años que estuve allí solo tuve ese entrenador, y lo cuidé cuando se hizo viejito. Falleció hace un año.

¿Cuáles son los valores que debería transmitir el deporte?

Los valores del deporte los transmiten la familia y el entrenador. Miguel Induráin, Rafa Nadal, Federer, Ballesteros... son ídolos de verdad y ejemplos para la juventud porque han tenido detrás una gran familia y un entrenador con sentido común que ha sabido transmitirles contantemente lo que debían hacer y cómo tenían que comportarse. Las gestas deportivas a secas no me sirven si no van unidas a ejemplos de deportividad.

¿Por qué crees que los niños deberían hacer deporte?

El deporte es una parte muy importante en la educación. Los niños necesitan actividad física, ya sea mediante juegos o mediante el deporte, para relacionarse mejor con sus compañeros y desarrollar adecuadamente su sistema locomotor. La competición es buena siempre que se utilice como corresponde.

¿Cómo vivís el deporte en casa?

Mi mujer y yo somos profesores de Educación Física y, por lo tanto, en casa el deporte es nuestra religión. Siempre tuvimos claro que el deporte y el estudio eran prioritarios. Nuestras hijas han elegido sus actividades deportivas y nosotros les hemos facilitado las cosas. La mayor estudió Económicas y disfruta yendo al gimnasio. La pequeña es ingeniera y practica atletismo, triatlón y ha hecho surf en los cinco continentes.

¿Cuál es tu tarea como profesor de instituto?

Me licencié en Educación Física en el INEFC de Barcelona en 1982 y llevo dando clases desde entonces. Me gusta la docencia. También he impartido clases y conferencias en muchas universidades de España y Latinoamérica.

¿Notas muchas diferencias entre los alumnos que tenías cuando comenzaste de profesor a los que tienes ahora?

Los niños y adolescentes siguen siendo los mismos, lo que cambia es la sociedad. Dar clases de Educación Física es muy gratificante porque suele gustar a todos los alumnos. Empecé con estudiantes de Formación Profesional que trabajaban por la mañana en la Seat y venían a estudiar por la tarde. Los alumnos no querían que se terminara la clase aunque fuesen las diez de la noche en invierno, y el conserje nos dejó encerrados más de una vez.

¿Qué valores o hábitos del deporte y la educación física crees que son beneficiosos para el día a día?

El deporte es una filosofía de vida que te sirve para ser feliz y relacionarte mejor con tus semejantes y la naturaleza. No hace falta repetir los valores del deporte, todo el mundo los conoce pero a veces, lamentablemente, se olvidan.

Luis Pasamontes

Exciclista
«Puedes encontrar el éxito ayudando a los demás.»

¿Desde cuándo te interesa el ciclismo?
Fíjate que a mí me gustaban las motos. Me compraba todas las revistas. Y solía fijarme en las motos de la policía o de la prensa en las carreras, las que acompañan a las bicis.

Hasta que cambiaste de perspectiva y te fijaste en las bicis.
Fue en una carrera amateur en la que estaba de público. El líder de la carrera había caído por un barranco, hacía un frío que pelaba, y aun así el ciclista mantenía una cierta ventaja sobre los demás. Cuando lo vi pasar, sangrando y, a pesar de eso, sin detenerse, pensé que tenía que ser un superhéroe.

¿Conseguiste hablar con él?
Seguí al líder hasta la ambulancia, donde lo estaban curando, después hacia el podio... Al final todos me miraban raro. Con esas me fui a casa. No conseguí hablar con él. Pero yo ya me había olvidado de las motos. Fíjate que no

me interesaban las bicis en sí, yo quería ser el ciclista, el hombre, el personaje.

La bici fue casualidad.

Así como las motos son muy bellas y estéticas, en la bici no encuentro belleza. Cuando tengo que escoger una bici procuro que pese poco, que cumpla con tales características... pero no me gusta de la misma manera en que me gustaban las motos.

¿Cómo fue tu primera bicicleta?

Me la compraron de segunda mano. Era una de esas de paseo. Por supuesto que yo quería una más profesional, y me agarraba al manillar simulando que era una bici más potente. Por aquel entonces solo quería emular al ciclista que vi.

Y te compraste revistas de ciclismo.

Cada mes, sí. Las conservo en el desván de Asturias. Veía a los ciclistas como personas con unas cualidades extraordinarias, que yo jamás tendría. Como si hubieran nacido así. En los pósteres de mi habitación veía a Induráin o a Perico y creía que era impensable llegar a ser un profesional del ciclismo.

Luego te diste cuenta de que eso no era verdad.

Mi padre murió cuando yo tenía catorce años, y en mi pueblo no había club ciclista. Yo sabía que tendría que esforzarme muchísimo para poder pertenecer a un equipo de categoría inferior. Y mi madre vio que esa sería la prueba de fuego, me costaría tal esfuerzo lograrlo que sabríamos si realmente quería dedicarme al ciclismo o solo se trataba de una idea pasajera.

Y te esforzaste.
Había que viajar mucho, madrugar cada fin de semana, acostarme más temprano que mis amigos, e hice los sacrificios sin que a nadie en mi casa le gustara el ciclismo o sin que ninguno me forzara a hacerlo.

Pero tu madre te apoyaba.
Mi madre tenía calculada la hora a la que llegaba mi bus después de las carreras, pues cuando me metí en el pelotón viajaba muy a menudo. Mi madre sacaba la cabeza por la ventana y, si me veía llegar sin bici, sabía que seguramente me había caído en la carrera y la bici estaba reparándose en Oviedo o Gijón.

¿Qué te decía entonces?
Que podía dejar la bici cuando quisiera, que no me sintiera obligado. Ella veía que yo sufría accidentes serios y que, a pesar de todo, seguía pedaleando.

¿Qué te aportó el deporte de pequeño?
A los catorce años me federé, pero ya antes participé en una carrera en Madrid, en la que gané, y en el pueblo hacíamos los Juegos de Primavera, que eran unas olimpiadas

escolares: organizábamos carreras, jugábamos al saco, el juego de la patata... Después nos daban premios, una mochila, etc. A menudo yo era el que leía el juramento olímpico por la megafonía del campo. Siempre tuve espíritu deportivo.

¿Qué piensas de la relación estudios-deporte?
El colegio y el deporte son inseparables. La actividad física es fundamental, entre otras cosas porque España es de los países con mayor tasa de obesidad en menores, y tener una buena salud es tan importante como sacar adelante los estudios. Ahora bien, practicar deporte no significa forzar a tu hijo a ser profesional.

¿En qué sentido?
El niño o la niña tienen que hacer el deporte que le guste y los padres han de apoyarlos. A veces cometemos el error de solo acudir a las citas deportivas sociales (fútbol, baloncesto) y olvidamos que existen otras disciplinas, como el skate o la bici BMX, que también son deportes, y que nuestros hijos necesitan sentirse apoyados hagan lo que hagan.

¿Y los padres no siempre apoyamos?
Confundimos nuestros intereses personales con aquello que desea hacer el chaval. Los niños desatendidos tienden a querer llamar la atención, y una manera es refugiarse en las drogas. Por eso a veces se cree que algunos deportes, como el skate, llevan a malas compañías. Cuando en reali-

dad son los padres los que no están pendientes ni le dan la importancia debida.

¿Cómo equilibraste deporte y colegio?

A medida que vas avanzando en lo profesional y participas en más carreras se complica el hecho de llevar adelante los estudios. Además, las propias asignaturas van subiendo la dificultad y hay que dedicarles más tiempo. Me siento muy orgulloso de los profesores que me han acompañado; por lo general me ayudaron cuando necesitaba hacer un examen en una fecha diferente que el resto de mis compañeros.

¿Cómo gestionabas ese tiempo?

Mi madre me dio un consejo que sigue siendo primordial: «Habla con el profesor». Me dijo algo que para mí entonces era impensable: pedirle a un profesor que me echara una mano. ¿Cómo iba a sentarme yo con el profesor a pedir ayuda?

¿Y lo hiciste?

Seguí los consejos de mi madre. «Dile que vas en bici, que tienes muchos compromisos, que por favor te haga los exámenes en otros días»... Y lo hice. Pasé una vergüenza tremenda, porque de pequeño era muy tímido, pero me ayudaron para que pudiera seguir con mi actividad. Menos un profesor, que me recomendó que abandonara el deporte.

¿Cómo es eso?

Me dijo que mis notas eran aceptables, pero que mi rendimiento no me lo pondría fácil de cara a la selectividad y que, por otro lado, vivir del deporte profesional sería complicadísimo, que era preferible sacar buenas notas.

Y le respondiste...

Que mi madre no me había exigido sacar buenas notas, sino compaginar ambas cosas, que no dejara nunca de estudiar, y no le importaba que no tuviera el mejor expediente académico. Lo importante era sacarlo todo adelante, en el tiempo que necesitara.

No sufriste presión.

Me presionaban otros motivos. A veces las carreras terminaban después de salir el último bus y, como mi padre no podía llevarme de vuelta a casa, debía quedarme a dormir en la de algún compañero. Una vez vi cómo un padre pegaba a mi compañero por haber hecho una mala carrera. No olvidaré cómo le oí llorar desde mi habitación.

¿Y como profesional?

Los profesionales siempre sufrimos presión y estrés alguna vez. No por ello me he planteado dejarlo, porque lo que nos arrastra como deportistas en cualquier carrera es la pasión. Ahora bien, el deporte acarrea una incertidumbre continua, no sabes nunca lo que va a pasar. Por mucho que prepares una competición, no puedes predecir cómo reaccionará tu cuerpo.

No son matemáticas puras.

Cuando corría como amateur no era un ganador nato. Pero sí quedaba entre los cinco primeros, a veces el sexto, y seguía adelante porque creía que podría llegar a profesional. Si nadie te dice nada, o si no te topas con un límite, adelante. De repente me vi compitiendo con los mejores ciclistas del mundo. Ahí me esforcé muchísimo y aun así no conseguía ganar.

Y cambiaste de estrategia.

Decidí bajar un peldaño y ser el mejor ahí.

Ayudaste a corredores de primera.

Doy gracias por haber estado cerca de Purito, de Valverde, de Luis León... corredores de primerísima clase. Poder ayudarles en sus carreras ha sido un lujo. Nos preocupa más ser mejor que el que tenemos al lado que mejorarnos a nosotros mismos.

¿Se sube el éxito a la cabeza?

He vivido de todo. Hay algunos que van de sobrados y te miran mal, y he visto a otros deportistas y ciclistas que te dejan pasar como uno más y que te respetan. Eso va con la personalidad, no con el éxito.

¿Cuál es el papel de un mentor deportivo?

El mentor no adoctrina ni dice a las personas lo que tienen que hacer. Más bien abre posibilidades y ofrece nuevas vías al deportista. En el caso de un chaval joven, el mentor trabaja con él y también con sus padres, siempre desde su experiencia, para que tomen la mejor decisión posible. Quienes deciden son los jóvenes y la familia, no el mentor.

Entiendo.
Al mentor le da igual el rendimiento del deportista. Habla con él como persona íntegra. Por desgracia muchas veces ocurre lo contrario, al deportista se le atosiga con preguntas y comentarios: cómo te van los partidos, cómo has quedado, si ya te has recuperado de la caída, no comas eso...

Cada vez es más común.
He conocido a niños que se pasan los días pesándose, controlando la comida, etc. En gimnasia es lo habitual. Y olvidamos que lo importante es que disfruten. Se habla de fomentar el deporte entre los jóvenes, pero en realidad los clubes solo admiten a los buenos. He visto cómo le decían a un niño de diez años con sobrepeso que no había lugar para él en un equipo. Ese niño abandona el deporte.

Hay que pensar bien a qué club apuntamos a nuestros hijos.
Algunos padres me llaman para preguntarme en qué club cuidarán mejor a sus hijos, en cuál se lo pasarán mejor, o en cuál aprenderán más... Debemos informarnos, de lo contrario no sabremos nada sobre el deporte, o sobre las rutinas más adecuadas para la edad y la disciplina de nuestro

hijo, y nos dejaremos influir por comentarios de otras personas que, a pesar de tener toda la buena intención, no son profesionales.

También hay que tener claro por qué lo apuntamos a ese club.

Conozco el caso de un chaval que abandonaba los partidos de baloncesto a la mitad cuando le marcaban puntos en su contra, y se frustraba. Luego me enteré de que él no quería hacer baloncesto, que lo habían apuntado porque al mayor se le daba bien y le gustaba, y que además los padres premiaban al hermano mayor cuando obtenía resultados. Por eso el niño entendió que sus padres solo se sentirían orgullosos de él si ganaba.

Debía ganar en un deporte que no le interesaba en absoluto.

Lo opuesto de forzar al crío es sobreprotegerlo incluso cuando ya ha cumplido una edad. Les llevan las maletas, se preocupan por pequeñas caídas... Al final los niños se malacostumbran, creen que los padres están obligados a tener ese trato con ellos, y no valoran el esfuerzo que les supone.

No educamos.

Hay que concienciar a las personas que rodean al deportista y amateur profesional (agentes deportivos, mánagers, etc.) de que se debe tener respeto e ir con mucho cuidado con aquello que se dice. Los padres y los entrenadores olvidamos que somos educadores, y que muchas de las cosas que digamos modificarán su vida y pueden ser determinantes. Si en vez de animar a practicar deporte estamos juzgando a los jugadores y expulsando a los malos del equipo, es posible que ese niño o niña acabe siguiendo un camino peligroso.

¿Y los medios de comunicación?
Muchas veces solo predican mensajes negativos. Vemos a personas que han sufrido, o se han arruinado, que se metieron con las drogas... Muchos de ellos son deportistas retirados que no han sabido reconducir sus vidas. Pocas veces se habla de deportistas que se han retirado, han desarrollado otras profesiones y han seguido adelante con su vida.

¿Qué hace un deportista una vez que se retira?
Todos pasamos un luto; dejar el deporte es como cuando te deja una novia. La ves todos los días, desayunas cada mañana... y de repente tu vida cambia. Ya no vas de viaje... Yo echaba de menos ir al aeropuerto. El problema es que algunos deportistas carecen de un proyecto vital. Todo es más fácil si sabes hacia dónde dirigir tu vida.

¿Qué te ha enseñado el deporte?
Que no hay que ser un ganador o estar en lo alto del podio para tener éxito. Puedes encontrarlo ayudando a los demás. Ese es el mensaje que hay que transmitir. No fracasamos si no llegamos a CEO o a deportista de élite.

Importa el camino.

Hay que estar agradecidos con todos aquellos que nos han ayudado. Después de dejar la bici me puse a estudiar, y en una clase me pidieron que escribiera los nombres de las personas que me ayudaron a lo largo de la vida. Acabé emocionándome mucho. Son tantas las personas que te apoyan con los años que debemos recordarlo y estar agradecidos siempre.

José Miguel Pérez, «Josemi»

Saxofonista de Joan Manel Serrat
y Joaquín Sabina, entre otros

¿Cuándo te aficionaste a la música?
Mi padre veía que silbaba las canciones de la televisión, las sintonías; me apuntó a clases de música y me trajo un saxofón a casa... sin avisarme. Después de comprar el instrumento me preguntó si me gustaba tocarlo.

Vaya sorpresa. ¿Cuántos años tenías?
Seis cuando me llegó el saxofón, pero después también compró un acordeón y me lo trajo a casa. Y una flauta travesera. Claro que por mí mismo, sin tomar clases, o sin un compañero que me controlara, no habría podido salir adelante.

¿Y empezaste a tomas clases?
Desde luego, mi padre me recogía a la puerta del colegio, a las cinco de la tarde, y a las seis ya estaba practicando en el conservatorio de Zaragoza, tres días a la semana. Noventa kilómetros de ida y lo mismo de regreso.

Un gran esfuerzo.

Yo era un chico de pueblo. Si no me hubieran llevado y no hubieran marcado mi ruta, seguramente habría pasado las tardes con la bici o haciendo trastadas. La pasión por la música me la enseñaron; sin ayuda mi camino habría sido muy diferente.

Aun así la música tenía que gustarte un poco, ¿no?

Claro, pero con catorce años no tenía ganas de estarme sentado en una habitación soplando un tubo. Por eso mi padre se quedaba en el cuarto de arriba. Si estaba diez segundos sin tocar, mi padre golpeaba su suelo (mi techo) para que no me desconcentrara.

¿Qué te enseñó la música de pequeño?

Me ayudó mucho a aguzar mis sentidos, pero también a sensibilizarme, a descubrir y conocer nuevas emociones. Un acorde o una melodía pueden hacerte llorar. Aunque por otro lado eso hacía que me despistara en el colegio, pues tenía las notas en la cabeza y así me abstraía de todo...

¿Tenías algún modelo?

Quería ser el saxofonista de Dire Straits, Michael Brecker. Quería sonar en estudio como él. En ese momento decir eso era muy chocante. Mis amigos se subían al coche, poníamos los casetes de Dire Straits y todo les sonaba un poco raro. Ahora en cambio me oyen tocar y me dicen que sueno como Brecker, sobre todo el timbre. Él fue mi maestro virtual.

¿Y qué hiciste para sonar como él?

Es curioso, lo conseguí con un material diferente al suyo, ni siquiera la boquilla es la misma. Pero me pasaba horas mirando sus vídeos e intentaba poner la garganta como Brecker. Y claro, entonces no había YouTube, conseguir las imágenes o los discos era carísimo y difícil. Mi familia se esforzó para comprar todo eso.

¿Cómo cambió tu imagen de la música de joven a adulto?

A los veinte años estudias en tu cuarto sin parar, poniéndote metas concretas, como por ejemplo tocar música moderna con artistas contemporáneos, y tu interés se convierte en sacrificio, en obsesión. Y si estaba con mis amigos, sufría porque no había conseguido terminar bien un fragmento de Brecker, así que agarraba el coche, regresaba a casa y acababa el trabajo. Luego ya salía con los amigos con tranquilidad.

¿Y de mayor?

Hay muchas personas que a los cuarenta se esfuerzan tanto o más que a los veinte. En mi caso me he acomodado un poco, no practico como antes en casa, aunque doy muchos conciertos. Y creo que está llegando el momento de reciclarme, ya coseché lo sembrado y toca volver a estudiar.

¿Por qué ahora?

Suben músicos muy preparados y muy buenos, quiero estar a la altura de lo que hacen ellos. No se trata de definirme, porque ya tengo hecha la carrera como músico, sino de renovarme, ponerme al día.

¿Has notado algún cambio con la aparición de las redes sociales?
Por supuesto, para bien y para mal. Puedo escuchar a un grupo australiano solo con darle a un botón, pero al mismo tiempo se venden muy pocos discos. Si quiero grabar un disco de jazz, lo comprarán mis amigos cercanos y mis familiares, y poco más. No llegaré muy lejos. En cambio cada vez se graban más directos para subirlos a internet.

¿Y el *streaming*?
Ayer me tomé un cortado en un bar. Estaba la hija del dueño y me vio con el Spotify. Me preguntó si tenía Spotify Premium, le dije que sí, y se rio cuando supo que pagaba por la música. Incluso me ofreció una versión pirata del programa para que pudiera escucharlo gratis.

¿Cómo te quedaste?
Le dije que escuchar música sin pagar era como entrar a la cocina del bar, pedirle una empanada casera a su madre, comérsela e irse sin pagar. La chica se quedó muy parada.

¿Quieres ser modelo para los más jóvenes?
No me gusta ir de crack, pero hay que reconocer el esfuerzo. Y me siento muy orgulloso de un solo de saxofón de mi último disco, no dejo de enseñarlo. No quiero que los

alumnos alucinen conmigo, prefiero que se esfuercen y valoren lo que hacemos. Hay que ser humilde y alimentarte de aquello que haces bien.

¿Y qué dicen tus alumnos?

Bueno, el mejor regalo es que tres de ellos hayan querido seguir un camino parecido al mío. Eso es muy emocionante.

¿Cómo sobrellevas el estrés y la presión?

Nunca me he sentido presionado, estar ante un público me gusta y siempre me siento tranquilo. A veces incluso llegué a tomar una bebida energética para no dormirme. Quizá sea porque estoy acompañando a alguien, en este caso a Sabina, y al quedarme en un segundo plano la presión es menor.

¿Qué has aprendido con la música?

La puntualidad, por ejemplo. Viajamos trescientos kilómetros en una furgoneta y si el concierto es a las diez no hay alternativa, a las diez que nos plantamos ahí. También aprendí el respeto, porque alguien ha escrito unas canciones y te pide que las interpretes. Me pongo en su lugar y doy lo mejor para el proyecto. Cuando has ido de gira con Serrat la partitura está hecha para un saxofonista, no para Josemi. Tienes que tocar lo mejor que puedas para la canción, no para ti.

¿Qué es para ti la competitividad?

En mi caso premia más la humildad y la profesionalidad que la competitividad, aunque siempre hay que esforzarse por dar lo mejor de ti mismo. Quizá tienes que competir contra ti mismo más que contra los demás, superarte a ti.

¿A qué te dedicarías si no pudieras ser músico?

Tendría que ser algo que me permitiera volar. Montaría un negocio, nada de estar en una oficina o que alguien me mande. Los músicos solemos tener mucho orgullo. Eso de que alguien te diga lo que tienes que hacer... A no ser que se trate de un director musical en un espectáculo, entonces te ciñes al plan común.

¿Qué le dirías a un niño o niña que quiere dedicarse a la música?

Que vayan despacio y que no dirijan el cien por cien de su atención a los modelos o las figuras que ven en televisión. Los críos se fijan en *La Voz*, pero en la actualidad hay muchas otras posibilidades, muchos tipos de cantante, muchos estilos de música. Que se miren en el espejo de su casa a partir del modelo de mucha gente diferente.

Tocaste en *La Voz*.

Efectivamente, y he visto a chicos y chicas que cantaban muy bien, con una gran voz, que como no entraron en el programa abandonaron sus sueños. Eso no es fracasar en el mundo de la música; en la tele priman otros valores antes que el cantar bien.

¿Qué les aconsejarías a los padres?

Que hagan lo posible por incentivar esa afición, aunque sean inteligentes y vean las posibilidades reales que tiene el niño. Para eso es recomendable hablar con sus profesores, buscar opiniones. Lo digo porque de pequeño juegas a fútbol con tus amigos y no importa si eres bueno o malo, porque se trata de jugar. Pero cuando algunos de tus compañeros se hacen profesionales, quizá quieres seguir jugando con ellos y sin embargo tu sitio ya no está ahí a su lado durante los entrenamientos.

¿Has practicado algún deporte?

Mi padre me llevaba a jugar a fútbol, y durante los partidos había que ser fuerte y rudo, pero yo jamás había sido bueno para esas cosas. Mi sensibilidad me había llevado hacia otro terreno, la música. Mi padre preguntó al entrenador qué tal iban los entrenamientos, y él dijo que no demasiado bien, así que mi padre centró su atención en aquello para lo que yo valía.

¿Y si el chico quiere seguir aunque no se le dé bien?

Debemos escuchar a los niños, sobre todo en momentos como este, que afectan directamente a su vida. Si el niño quiere ir, que vaya. Lo que no puede ser es que después de dos años de clases de saxofón sigas sin tener uno. Hacemos una apuesta, y vamos para adelante con todo, siempre que haya amor por la música y voluntad de sacrificio.

Hay que tener capacidades.

Sí, y es duro, pero algunos chicos tienen capacidades para otras cosas que no son el deporte o la música. No todos seremos superestrellas. Hay que tener valores, saber quién eres, y poder apreciar tu entorno, a los que te ayudan, con humildad.

Joaquim Rodríguez, «Purito»

Exciclista profesional con más de 45 victorias
«Los niños han de hacer deporte para que le pillen
el gusto a algo, porque los niños hacen muchas cosas
pero no disfrutan de nada.»

¿Querías ser ciclista de pequeño?
No, fíjate que mi padre me apuntó a todos los deportes menos a la bici. Le daba miedo que fuera ciclista. Ahora bien, por mucho que mi padre intentara evitarlo, esto del ciclismo se lleva en las venas, y yo iba a ver las carreras de mi hermano mayor, las de ciclocrós, y se notaba que me gustaba.

Ya buscabas el ciclismo, aunque no lo practicaras.
Sí, cuando mi hermano hacía alguna carrera, ya me tenías a mí calculando los puntos, apuntando quién había quedado tercero o cuarto, y los jueces venían a preguntarme quién había quedado en qué posición.

¿Y cómo te tomaste el deporte de pequeño?
Tuve la gran suerte de tomármelo con calma, me divertía muchísimo, y de ese modo no me daba cuenta de la disciplina que mi padre me iba inculcando. Si la bici estaba sucia no me dejaba correr, por ejemplo. Con el deporte también aprendí qué era el trabajo en equipo.

¿Te apoyaron tus padres en el deporte?

De pequeño era Chicho Terremoto, hacía fútbol, baloncesto, si era la moda, patinete, si cambiaba la moda, *mountain bike*, o tenis, lo que fuera. Después empecé a correr en el Barcelona, pero a mi padre no le gustaba que tuviera que ir cada semana. Así que por un lado hacía fútbol, que era el deporte que él prefería, y, por otro, ciclismo. El fútbol era obligatorio; el ciclismo, no. Si coincidían yo podía elegir uno u otro. Al final mi padre vio que siempre escogía ciclismo.

¿Te costó encontrar un equilibrio entre estudios y deporte?

No he sido mucho de estudiar. Y no porque me costara, pero solo me esforzaba cuando me obligaban. En ese momento los estudios no eran tan importantes, podías salir adelante con lo mínimo.

¿Y ahora hay equilibrio entre vida cotidiana y deporte?

El deporte es mi vida, de modo que no hay contradicción. Nací así. Muchos también están haciendo del deporte su forma de vida, antes no ocurría lo mismo, te ibas a correr por ahí y, si no bebías vino, eras el rarito. Ahora en cambio lo raro es beber vino. El que no hace running hace otra cosa, muchas personas practican deporte continuamente.

¿Qué has aprendido en la bici que te haya servido para la vida?

Una de las consecuencias de ser ciclista es que viajas, y viajando he visto un montón de cosas que te cambian la manera de pensar y vivir. Conocer diferentes culturas y hacer amigos de otros países te abre la mente.

¿Crees que hay respeto entre los ciclistas profesionales?
He vivido de todo. Algunas generaciones respetaban muchísimo en general, a los equipos y a los ciclistas, y eso se está perdiendo, tanto con respecto a los equipos como a las personas, y a la vida. Un chaval de 1977 o 1978 es diferente que uno de 1994.

¿Se sube el éxito a la cabeza?
Por supuesto. Claro que depende de la persona, algunos ganan cuatro mundiales y siguen comportándose con naturalidad; otros empatan con alguna figura importante y se sienten únicos.

¿Sentiste mucho estrés cuando competías?
En realidad, no. Fue un poco como en la escuela: en primero no tienes deberes; en segundo te mandan leer algún libro; en tercero tienes que multiplicar y dividir, y al final llegas a último curso y estás haciendo deberes de cinco de la tarde a nueve de la noche.

Se progresa poco a poco.
Y entonces el esfuerzo de los últimos cursos no se te hace tan pesado, porque has subido el nivel de manera continuada.

¿Presionamos mucho a los críos?

Sí, se les presiona incluso en el colegio. Se les exige demasiado para que se conviertan en campeones del mundo. Un amigo me contó que han quitado el nombre de «escuela» a la escuela de fútbol del Milán para que los niños se limiten a competir. Les meten tanta caña que ir a jugar a fútbol ahí es estresante.

Ha cambiado la idea de deporte.

Antes el fútbol significaba divertirse y pasarlo bien, y ahora todo es muy serio. Hasta ciertas edades la prioridad debería focalizarse en la salud y el disfrute.

¿Cómo te imaginas tu vida en el futuro, ahora que no compites?

Siempre voy a dedicarme al ciclismo, de un modo u otro. Seguiré ligado seguro, porque el ciclismo no es solo competir, hay muchas maneras de vivirlo: ciclismo también es tu crío en la bici, o el salir a pedalear solo un domingo por la mañana.

¿Cuáles son los objetivos de la Escuela Purito?

Disfrutar, crear grupo, hacer familia, que los padres también formen parte del equipo, y que si un domingo no hay carrera y no saben qué hacer, se pasen por la escuela. Es importante que no haya envidias, que a los críos les importe más pasarlo bien que ganar la competición, y que el momento de ponerse el dorsal no sea tan estresante.

¿Qué valores priorizas a la hora de enseñar?

Más allá de la diversión y la salud, interesa que tengan la bici limpia, que se hagan la maleta el día antes de una competición, que se acuesten temprano para poder competir bien, y que adopten una buena rutina ya no solo para el deporte, sino para la vida en general.

Los niños tienen que hacer deporte porque...

... es cultura, es hacer grupo, así como una buena manera de crecer y salir de casa. Y que le pillen gusto a algo, porque parece que hoy los niños hacen muchas cosas pero no disfrutan de nada. Lo tienen todo a mano pero no disfrutan ni se enganchan a nada. Es importante que se aficionen.

¿Cuál es el papel de un buen entrenador?

A según qué edades, los chavales no deberían tener un entrenador sino un tutor, un educador, que no enseñe técnica o táctica de equipo sino otras cosas del día a día. La idea es educar, antes que entrenar. Los niños tienen que equivocarse.

¿Cuál es el papel de los padres?

Te diré que el papel de los padres consiste en aceptar que el entrenador es otra persona y respetar su rol. Claro, no nos gusta cuando critican a nuestro hijo, porque para nosotros es el campeón del mundo, y no vemos que algunos comentarios servirán para que mejore la actitud o la técnica.

Aun así, la figura de los padres en el deporte es fundamental.

Es primordial que los padres hagan deporte con sus hijos, y que luego le dejen la crítica o el entrenamiento a quien corresponda. Pero tenemos que ir juntos. Una vez tuve problemas con mi pequeña, que es muy rebelde, y cuando vi que estaba a punto de caerse de la bici, fui al entrenador a pedirle que la corrigiera. El entrenador dijo que todo iba bien.

¿Y se cayó?

Sí, al final sí. Ni se me pasó por la cabeza ir a gritarle nada a mi niña por haberse caído. Dejé que fuera el entrenador quien le explicara cómo tenía que hacer las cosas. A los críos no hay que gritarles ni presionarles nunca.

Refuerzo positivo.

Apoyarles siempre, dejar que los niños aprendan a luchar. De mi infancia recuerdo cuando mi padre me llevaba a la carrera de Mollet, o cuando me llevó a la de Tarragona y comimos en un bar en el que había un montón de moscas.

Y disfrutar.

Tanto los niños como los padres. Estamos tan preocupados por nuestras cosas que no dejamos disfrutar a los pequeños. Si quieren que los niños se conviertan en alguien, y que sigan haciendo deporte de mayores, no puedes imponerles nada. Ya tienen un profe en la escuela que les obliga a hacer los deberes, ya está el entrenador que les dice que se coloquen así o asá, y los padres, sin olvidar ese poquito de disciplina necesario para vivir, tenemos que disfrutar.

¿Te gusta la imagen del deporte que dan los medios de comunicación?

Los hay que solo están para meter cizaña, que son los que lee el público general. Pero también existen los que lee el deportista, quien incluso aprende leyendo o escuchando al periodista. Esos son los medios valiosos. Y quizá te cuentan la misma historia que los medios sensacionalistas, pero la moraleja o el aprendizaje no pueden ser más diferentes.

Entiendo.

En los Oscar le preguntaron a Denzel Washington si apoyaba a Donald Trump en las elecciones. Mientras se reía, dijo que no leía la prensa. La periodista le preguntó que cómo era eso. Y el actor respondió que hay dos tipos de persona, los que no están informados porque no leen la prensa y los que leen la prensa y están mal informados. Hoy en día nadie espera que una noticia sea de verdad, nadie se informa, porque suele informarse de lo primero que sale, como si por decirlo más rápido ya fuera verdad.

Jesús Vallejo

Jugador del Real Madrid
«Si los niños se lo pasan bien y aprenden, todo va bien.»

¿Cómo empieza tu carrera deportiva?
Empecé jugando a fútbol sala en el colegio solo pensando en divertirme y pasarlo bien con los amigos. Cuando te ficha el Real Zaragoza uno sigue disfrutando pero se le suma la responsabilidad de defender esa camiseta. Una mezcla de orgullo y responsabilidad.

¿Qué supuso para ti convertirte en futbolista profesional?
Fue una experiencia muy positiva. Desde que me llamaron del Real Zaragoza lo disfruté y trabajé muchísimo. Cuando me llamaron del Real Madrid la ilusión también fue enorme, aunque la decisión de cambiar de equipo no resultó fácil, porque me sentía muy a gusto en el Zaragoza. Lo fundamental es disfrutar de cada año que pasa más que el anterior.

Aparte de tu carrera deportiva, también estudias.
A veces es difícil. Lo ideal sería poder ir a clase todos los días y llevar los deberes en orden. Intento sacar tiempo por las tardes, porque por las mañanas me es imposible, y lo

que hago es disfrutar también de ese tiempo, ya sea para relajarme o aprender otras cosas. No quiero verlo como una fuente de agobio.

¿Recuerdas qué te aportó el deporte de pequeño?
Compañerismo y, sobre todo, perseverancia, es decir, saber que si un día algo no te sale hay que seguir intentándolo. Lo bueno del mundo del deporte es que puedes perder un partido pero, al cabo de una semana, tienes otra oportunidad para volver a ganar. Eso es lo bonito.

El deporte para ti es una forma de vida.
Siempre digo que antes que futbolista me considero deportista. El deporte es mi vida. Y aunque esté de vacaciones siempre suelo ponerme las zapatillas y salir a correr, o coger la bici.

¿Tus padres te han apoyado?
Ninguno de los dos es aficionado al fútbol. Desde pequeño me han repetido que lo importante es que disfrute de lo que haga, y que no deje los estudios de lado, porque el mundo del fútbol es un mundo complicado. También que debo tener una base que me garantice, el día de mañana, poder salir adelante.

¿Qué más te han aconsejado?
Que sea una esponja y aprenda de todo el mundo. Dicen que en mi carrera encontraré jugadores mejores y peores, y

entrenadores mejores y peores, pero que de todos puedo aprender.

¿Qué has aprendido de tus entrenadores?
A ser responsable y a cuidarme. El papel del entrenador es muy complicado, entiendo que su objetivo es que los niños estén contentos y que regresen a casa con ganas de entrenar más. Eso debe ser difícil porque a veces las diferencias son insalvables, o algunos miembros del equipo juegan más que otros, pero si los niños se lo pasan bien y aprenden, todo va bien.

¿Recuerdas haber sentido presión?
Sentía la responsabilidad de ganar, porque sabía que si ganaba la gente se fijaría más en mí, pero lo he vivido siempre con tranquilidad. Perder un partido no es perderlo todo, y la tensión competitiva seguía ahí.

¿Disfrutas más entrenando o compitiendo?
Cada vez disfruto más compitiendo. Aprovecho al máximo el proceso de entrenamiento, claro, aunque llega el momento de lucir todo lo que hemos estado practicando.

¿Qué necesita un equipo para funcionar bien?
Los dos pilares fundamentales son el compañerismo y el respeto, sin ellos es difícil que las cosas se hagan bien.

¿Hay respeto en el campo de juego?
La mayoría de las veces, sí, pero podría haber más. El fútbol es un deporte que remueve pasiones, tanto en los aficionados como en los jugadores, y a veces las maneras se pierden de vista. La liga está poniendo normas que me parece que serán positivas y fomentarán el respeto, por ejemplo, una serie de reglas contra el racismo.

¿Qué le dirías a un niño deportista para que aprenda a respetar?
Que haga lo que considere que es bueno para él sin hacer daño a nadie. También es importante ayudar a los demás, por ejemplo a un compañero en apuros; eso siempre tiene recompensa. Al final el fútbol es un deporte de equipo, y si te comportas de manera individualista todos se dan cuenta: lo ven los compañeros, el público, los entrenadores... el compañerismo es básico.

¿Qué opinas de la popularidad de algunos deportistas?
Creo que cuesta mucho labrarse una fama y, en cambio, perderla es facilísimo. Uno tiene que ir con cuidado con aquello que dice en público, hay que permanecer fiel a uno mismo y ser coherente con lo que cree. No hay que dejar ningún detalle al azar, construirse una imagen es un proceso largo que debe tomarse en serio.

Parece que debas entrenar en el campo y ante las cámaras.
Hay que ser prudente y pensar las cosas bien antes de decirlas.

¿Qué valores del deporte son beneficiosos para el día a día?

En los equipos en los que he estado hemos mirado siempre por el bien común. Cada jugador quería aportar su granito de arena para crecer y ser mejores. Si en el día a día en sociedad hiciéramos lo mismo las cosas irían mucho mejor.

¿Qué has aprendido a nivel personal?

A no tirar la toalla y perseverar. Si un día no te salen las cosas, sigue trabajando que mañana saldrán. Claro, no hay que dejar pasar los problemas, si te implicas de verdad en algo, tienes más probabilidades de conseguir lo que te propongas. Y desde el sentido común. No vayas a darte de cabeza contra una pared.

Para terminar

El deporte es una pasión que, como todas las pasiones, mueve montañas, y las entrevistas aquí reunidas lo atestiguan. Sus ejemplos hablan de responsabilidad, de esfuerzo, de salud, respeto, alegría y esperanza, un montón de palabras que se engloban en una sola: deporte. Nuestra tarea educativa como padres y madres consiste en convertir en hábito, y quizá en pasión, los valores y los hábitos implícitos en las actividades deportivas. ¿Y cómo educar para conseguirlo?

En primer lugar, cada niño o niña debe disfrutar de hacer deporte. Todos deberían tener la oportunidad y el tiempo de probar actividades diferentes, descubrir qué les gusta y con cuál de ellas se sienten más cómodos. Como dice Aroa González, «Ningún niño tiene que especializarse en ningún deporte», y eso pasa por no «dejar que el físico dictamine a qué tiene que jugar un niño», respetando siempre que «cada edad tiene sus particularidades» y que «a un niño no lo puedes limitar».

Por otro lado, hay que permitir que los niños vivan, experimenten y aprendan. Mavi García apunta que uno de

los beneficios del deporte es madurar: «En el deporte te
pasa todo lo que puede ocurrirte en la vida. Es un aprendizaje imprescindible para los pequeños». Carme Barceló
también insiste en los beneficios psicológicos y sociales del
deporte porque «es una herramienta educativa fundamental: compartes experiencias, te esfuerzas por un objetivo, te
sacrificas en equipo y te ayuda a crecer como persona».

Si sobreprotegemos a nuestros hijos no les dejamos vivir la vida ni sentir qué significa ganar, perder, luchar, esforzarse y crecer. Nuestros jóvenes «lo tienen todo a mano
pero no disfrutan ni se enganchan a nada. Es importante
que se aficionen», dice Joaquim Rodríguez, «Purito». O,
en palabras de Jesús Ruiz, refiriéndose al ciclismo pero ex-
trapolables a cualquier disciplina (y a cualquier familia):
«Hoy en día un chaval pide unos pedales y al día siguiente
su padre se los compra. En cambio el ciclismo te enseña
que las cosas no son inmediatas».

Los beneficios del deporte son múltiples y evidentes,
pero no siempre hacemos lo posible para enseñarlos, sobre
todo cuando dejamos que otros deseos y expectativas nos
desvíen del camino. Explica Lorena Cos que cuando pregunta a los padres por qué llevan a sus hijos a practicar
deporte dicen que «para que los niños se diviertan, aprendan, estén en forma...». Pero los progenitores a veces nos
olvidamos de eso: «Hay una diferencia entre el niño que
quiere ser deportista porque ve que sus padres lo son» y
aquel que lo es porque sus padres lo obligan, a ser deportista de élite, por ejemplo. Luis Pasamontes lo resume cla-

ramente: «Confundimos nuestros intereses personales con aquello que quiere hacer el chaval».

Cuando los padres olvidan esos objetivos principales (la salud, la diversión y la educación) cometen el error de presionar a sus hijos. El estrés, la presión y los nervios actúan en contra de nuestros objetivos. Para arreglarlo, parte de la tarea de los entrenadores consiste en enseñar a los chicos (y a sus padres) a tener los pies en el suelo sin perder ni un ápice de pasión. Rubén Bonastre dice que lo importante es centrarse en el proceso de crecimiento, más que en el objetivo final. Ernesto Mañanes habla de «equilibrar las ganas y la fantasía con la realidad del ciclismo». Markel Irizar tiene claro que hay que dejar en manos de los expertos la parte deportiva de la educación de los hijos. El papel del padre y el del entrenador no deben confundirse jamás.

Ahora bien, si el entrenador y el experto se encargan de la tarea deportiva-educativa, los padres deben cumplir un papel que es incluso más importante: velar por la salud, la felicidad y la alegría de sus hijos. Y lo principal es, claro está, no olvidarlo nunca. Hasta ahora hemos hablado de salud, de diversión, pero ¿qué hay de la dimensión social de la vida y del deporte?

Los padres debemos enseñarles a ser responsables, cuidadosos y atentos. Como dice Ismael Castaño, «lo importante es estudiar mucho y prepararse» y no olvidarse jamás de pasarlo bien. Para Jesús Vallejo, los dos pilares fundamentales del deporte «son el compañerismo y el respeto; sin ellos es difícil que las cosas se hagan bien», de lo cual deben encargarse los padres, pues como dice Carme Barceló, eso se lleva «trabajado de casa». Los valores que debemos enseñar no son el éxito o la soberbia, sino que, como explica Josemi Pérez, es preferible que «se esfuercen», que sean humildes y que se alimenten de aquello que les beneficia y hacen bien.

Pedro García Aguado es un ejemplo de autosuperación. «El deporte me ha enseñado a no rendirme. Hay campeonatos que se pierden, temporadas muy duras, situaciones que no me gustan, pero a pesar de todo hay que seguir luchando.» Javier Moracho afirma que «el deporte me ha hecho conocerme mejor», y ha llevado una vida sana en cuanto a lo físico pero también con respecto a lo emocional y mental.

La clave de todo está en los pequeños gestos cotidianos, en los hábitos que enseñamos en casa, en la actitud que mostramos hacia otros jugadores, entrenadores, árbitros, amigos, profesores, profesionales de cualquier sector, amigos y familiares. Es la tribu la que educa, y la relación que establecemos con ella. Una de las mejores decisiones que podemos tomar es la de construir nuestra tribu, la que educará a nuestros hijos, a partir de unos valores sólidos: los del deporte. Y una vez que los fundamentos estén claros, una vez que sepamos hacia dónde tirar, y en cuanto nos demos cuenta de lo que es importante, haremos más fácilmente del deporte un hábito.

O, mejor aún, una pasión. La pasión por el deporte es el mejor trofeo que pueden ganar nuestros hijos. Y la mejor medalla que podemos colgarnos como padres.

Epílogo

¿Ilusión o expectativa? Esa es la clave de todo. No importa el ámbito de nuestra vida del que se trate. Elegir desde una u otra nos llevará al éxito o al fracaso.

La ilusión nace de dentro de la persona y se proyecta hacia fuera con energía y pasión. Es la pieza motivadora, la piedra angular sobre la que todo pivota. Ilusión, disfrute y diversión deben ser elementos imprescindibles para la realización de cualquier deporte. En cambio, la expectativa viene de fuera hacia dentro, es lo que creemos que los demás esperan de nosotros, el famoso: «tengo que estar a la altura» o «no puedo defraudarles». Por consiguiente, elegir desde allí es un mal inicio que traerá desmotivación, fracaso y abandono porque, entre otras cosas, no es la verdad del protagonista la que aflora, sino la verdad de los demás.

Tal y como indican los profesionales que han colaborado en este libro son los hijos los que deben elegir el deporte que más les atraiga según sus habilidades o afinidades, y la base de todo es que disfruten y aprendan de los valores humanos que el deporte, bien colectivo, bien individual, nos regala.

Esfuerzo compartido, respeto, diversión, solidaridad, compromiso, responsabilidad, paciencia, honestidad, perseverancia, superación, pasión y convicción son solo algunos de los valores humanos que se desarrollan con la actividad deportiva. También y en especial en el caso de los más jóvenes, el deporte ayuda sobremanera en su maduración, toma de decisiones, manejo de situaciones complejas, trabajo en equipo, valoración y aceptación, conocimiento de sus potenciales, etc. Todo son ventajas si se enfoca bien desde el entorno del deportista y se evitan falsas expectativas y presiones sin sentido. Solo así, desde la ilusión y fijando objetivos retadores, alcanzables y bien definidos, se obtendrán los resultados deseables; diversión y aumento de la autoestima.

En Ejea de los Caballeros, en la provincia de Zaragoza, organizamos cada año el evento «Educando con el ciclismo», en el que participan un buen número de ciclistas profesionales y multitud de amantes de este deporte. Nuestro objetivo es transmitir durante las tres jornadas que dura el evento, el conjunto de valores intrínsecos a la práctica del ciclismo. Para ello se organizan mesas redondas, charlas, exposiciones, carreras de chicos y chicas de todas las edades, educación vial y cicloturistas con ciclistas profesionales tanto del mundo de la BTT como del ciclismo de carretera. Las conclusiones siempre son las mismas: «Los chavales deben disfrutar del equipo, del entreno y de las carreras. Los padres no deben presionar y apoyarán siempre sin crear falsas expectativas». Uno de los lemas de Ciclismo es Vida, asociación organizadora del evento, dice: «Pedalada a pedalada hasta alcanzar nuestro objetivo», es decir, paso a paso vencemos nuestros miedos e inseguridades hasta hacer realidad nuestras pasiones. Perseverancia y muchas dosis de paciencia son dos valores que están asociados de forma indisoluble a cualquier deporte. Es bueno que, desde edades bien tempranas, los jóvenes se vayan familiarizando con ellos.

La aceptación de «Educando con el ciclismo» cada año es buenísima a nivel de escuelas deportivas y de aprendizaje de los más jóvenes. Sobre todo nos quedamos con la ilusión reflejada en sus rostros al ver y al escuchar a sus ídolos hablarles de sus comienzos y contarles una y mil anécdotas que guardan como oro en paño en la memoria. A su vez el contacto directo con ese conjunto de valores que sus ídolos han tenido que usar a diario a lo largo de su dilatada y exitosa trayectoria, como el trabajo, el respeto, la perseverancia y el disfrute, hace que aprendan de forma clara y sin filtros la importancia que tienen esos valores en el ciclismo o en cualquier faceta de sus vidas.

El deporte en su conjunto es una pieza clave en el desarrollo personal de nuestros hijos. El poder de transformación y aprendizaje adquiere con su práctica unos niveles que pocas disciplinas alcanzan. Del mismo modo es una fuente de sabiduría continua al compartir experiencias de gran intensidad y fijar metas comunes. Quisiera, en este epílogo, dar la importancia que se merece al respeto que tanto se pone de manifiesto en cualquier orden deportivo, desde las aficiones hasta los propios deportistas. Resulta vital que desde las escuelas deportivas se haga mucho hincapié en él. Respeto a los rivales, a sus aficiones y a sus valores, reconociendo en todo momento su valía, su esfuerzo y su talento. Y también respeto a los compañeros de equipo, valorando el trabajo común y esforzándose, codo con codo, para alcanzar los fines marcados.

Otro aspecto importante en la práctica deportiva es el compromiso que se adquiere durante la misma, tanto a nivel de equipo, como a nivel de superación personal de cada deportista. Ser honesto y fiel al compromiso adquirido es algo que se aprende de manera directa durante la realización de cualquier deporte, aunque para ello resulte vital el papel de los entrenadores y de los padres. Está claro que los hijos deben ver en los padres y en los entrenadores una coherencia con aquello que intentan transmitir. De nada sirve predicar tal o cual valor si en la práctica no los llevan a cabo.

Algo que ayuda mucho es tener los hábitos claros y no solo en el deporte, sino en todas las actividades de la vida diaria. Un joven puede tomar un compromiso con el equipo, pero es evidente que tendrá que ser confiable en otros aspectos de su vida como el estudio, el comportamiento en el ámbito familiar y en las distintas responsabilidades adquiridas. Así se garantiza que sea un buen deportista, de lo contrario, si no tiene los hábitos bien claros y no se muestra confiable en su realización, llegará un momento en el que fallará al equipo o al entrenador que depositó en él toda su confianza.

El deporte es un elemento que ayuda a crecer y a madurar. Los hijos toman decisiones importantes según su edad y en muchas ocasiones son ellos los que enseñan a los padres en muchos aspectos como el respeto, la humildad e incluso en fijarse unos objetivos más acordes con su realidad que con las expectativas de su entorno. Aprenden a gestionar las derrotas y a encontrar en ellas un revulsivo de superación para futuras ocasiones. Está claro que los padres deben aprender de ellos.

Más competencia y menos competitividad. Hacer de nuestros hijos personas competentes es una tarea que parte de centrarnos en el hijo que tenemos y no en el que nos gustaría tener según nuestras expectativas. Aceptar es no comparar con sus compañeros de equipo, de colegio o con sus hermanos, primos o amigos. Aceptar es valorar, reconocer, escuchar y estar. En el momento que comparamos estamos siendo injustos con el hijo que tenemos y estamos metiéndole presión para que intente imitar o superar a alguien con tal de buscar el reconocimiento de sus padres. Centrarnos en su esfuerzo, en su talento o en su capacidad de superación continua hará que aumente su autoestima y aceptación. Ser competente es dar lo máximo que uno puede dar, aprendiendo de cada situación con el objetivo de mejorar constantemente. Ser competitivo es poner el foco más en los demás que en uno mismo. Nuestro objetivo aquí es superar al resto pudiéndose dar el caso de que lo único importante sea estar por delante de nuestros rivales sin dar el máximo potencial que podamos dar. Por ello los padres y los profesionales deportivos deben hacer mucho hincapié en la competencia y la propia excelencia personal más que en la pura competitividad que tanto limita el potencial y el rango de mejora de los deportistas.

Los hijos deben experimentar por sí mismos multitud de deportes y diferentes disciplinas antes de encontrar la que más sintonice con sus talentos y aptitudes. Los padres y entrenadores debemos animarles a investigar, a leer y a tener curiosidad sin miedo al fracaso o a no estar a la altura. Contagiarles el valor a buscar y encontrar sus propios talentos es un regalo que les servirá, a buen seguro, para cualquier momento clave de su vida, ya que se atreverán a afrontar nuevas situaciones siempre con valor y determinación, en lugar de con miedo e inseguridad. El diálogo interno nos condiciona mucho en nuestra realización personal. Si desde edades tempranas hemos aprendido a elegir sin miedo y con convicción, el diálogo interno nos hablará de atrevimiento y confianza en nuestras posibilidades.

Un buen entrenador es el que educa en valores y buenos hábitos. Los profesionales del deporte están hoy en día muy bien preparados en este aspecto. Se ha demostrado que se rinde mucho más y mejor cuando los entrenadores conocen el perfil de cada deportista, sabiendo lo que funciona y lo que no con todos y cada uno de ellos. Porque no hay que olvidar que en el trabajo en equipo se actúa como un conjunto pero cada individuo tiene unas demandas y unas necesidades diferentes para motivarse y dar el máximo rendimiento.

Como se ha descrito en este libro, el talento por sí solo no sirve de mucho. De todos es sabido la gran cantidad de deportistas talentosos que truncaron su carrera debido a su poca capacidad de trabajo y su nula constancia e ilusión por lo que hacían. Los ingredientes imprescindibles para conseguir el éxito deportivo (entendiendo por éxito que el deportista dé el máximo potencial que pueda dar y alcance su mejor versión en todos los campos) serán talento + trabajo + constancia + ilusión. No sabría decir en qué proporciones de cada una saldría la combinación perfecta, pero sí que todas ellas son indispensables. Hay deportistas que con una dosis extra de ilusión y trabajo han superado las marcas de otros que con más talento se confiaron y se relajaron en exceso. De ahí la importancia de centrarse en deportes o disciplinas que ilusionen y que saquen el talento que cada uno lleva. Luego, con trabajo y constancia será cuestión de tiempo para que salgan a escena los máximos potenciales, siempre relacionados con el disfrute y la responsabilidad.

Para educar hace falta toda la tribu. Esta frase es contundente y muy real. Todos los componentes de la tribu tienen una función de sostén para que la misma pueda progresar y vivir en plenitud. Por ello hay que incidir en el respeto que todas las partes implicadas en la educación merecen. Los deportistas, entrenadores, médicos, psicólogos, motivadores, utileros, padres y docentes tienen sus roles y sus métodos, que cada una de las restantes partes deberán respetar. Aquí habrá que hacer mención especial a que los padres respeten de manera pulcra y minuciosa la labor de entrenadores y demás profesionales. Y la mejor forma de hacerlo es apoyar y arropar a sus hijos haciendo de ellos personas comprometidas y agradecidas.

Para concluir, usted que está leyendo estas líneas, a buen seguro será deportista o tendrá hijos que practiquen algún deporte. Hágase esta pregunta: «¿De verdad siente ilusión mi hijo al practicar este deporte o más bien lo hace porque hay que hacerlo o por agradar a sus padres o entrenadores?». Obsérvelo detenidamente y saque sus conclusiones. Si cree que no se divierte y que no disfruta lo suficiente, pregúntele. Es importante que elijan en plenitud qué disciplina quieren practicar, ya que solo así podrán dar su cien por cien en actitud, en potencial y en compromiso. Solo así se implicarán y se divertirán mientras lo realizan. Al fin y al cabo de eso se trata.

ISAAC SIERRA SAGASTE
Coach

Agradecimientos

Quisiera agradecer a Carme, Rubén, Isma, Lorena, Mavi, Pedro, Aroa, Markel, Ernesto, Jesús, Javier, Luis, Josemi, Joaquim, Jesús e Isaac por aportar su visión respecto a la educación en el deporte desde sus diferentes perspectivas profesionales. Y sobre todo por la amabilidad y facilidad con la que he contado por parte de todos ellos a la hora de colaborar para este libro.